필립 코틀러의 마케팅 모험

PHILIP KOTLER
MY ADVENTURE IN MARKETING

MY ADVENTURE IN MARKETING
by Philip Kotler

copyright © 2014 Philip Kotler
This Korean edition was published by Dasan Books
in 2015 by arrangement with International Editor's Co.,
S.L. through MOMO Agency

이 책은 (주)모모에이전시를 통한 저작권자의 독점계약으로 (주)다산북스에서 출간되었습니다.
저작권법에 의해 한국 내에서 보호를 받는 저작물이므로 무단 전재와 복제를 금합니다.

필립 코틀러의 마케팅 모험

필립 코틀러 지음 · 방영호 옮김

PHILIP KOTLER
MY ADVENTURE IN MARKETING

한국어판 서문

"흥미롭지 않은 삶은 없다"

한국의 비즈니스 리더들에게 마케팅 모험에 대한 경험담을 전하게 되어 기쁘기 그지없다. 마케팅의 이론과 기술을 다듬으며 보낸 내 삶의 여정을 이 한 권의 책에 담았다.

　내가 마케팅 분야에 입문한 것은 시카고 대학과 MIT에서 경제학 석사와 박사학위를 받은 이후였다. 경제학 박사학위를 취득하고 나서 곧바로 연구와 강의 활동을 뛰어들어야 했지만, 나는 중대한 의문에 가로막혔다.

　궁금했다. 왜 경제학 교수들은 시장에 작용하는 비가격적인 요인에 대해 입을 다물까? 그들은 효과적인 광고, 유능한 판매 인력, 믿을 만한 프로모션, 절묘한 타이밍, 수요의 구성요소들에 대해 거의 이야기하지 않았다. 제조업자, 유통업자, 도매업자, 중개업자, 중개인 및 대리인이 시장에 미치는 강력한 영향력에 대해서도 별 말이 없었다. 혁신과 시장붕괴의 기능에 대해서도 제대로 설명해주지 않았다. 상품이 생산되어 소비자들에게 판매되는 과정에서 수많은 일들이 벌어지건만, 그 이야기를 '블랙박스'에 꼭꼭 숨겨두기만 했다.

앞으로 자세히 확인하겠지만, 이런 현실은 나를 마케팅 분야로 이끌었다. 1967년 이전의 마케팅 지침서들은 대부분 농업 시장과 산업용품 시장에 관한 설명으로 가득했다. 또한 초창기의 마케팅 지침서들은 뛰어난 영업사원이 되는 법, 효과 있는 광고 제작법, 탁월한 프로모션 시행법 등 다양한 문제의 해결법을 제공했다. 하지만 그것들은 대부분 철저한 연구의 결과물이 아니라 저자의 의견에 머물러 있었다.

이런 현실을 감안하여 나는 1967년『마케팅 관리론: 분석, 계획, 통제 Marketing Management: Analysis, Planning and Control』를 발표했다. 종전의 마케팅 지침서와는 완전히 달랐던 이 책은 엄청난 성공이 아니면 실망스러운 실패로 끝을 볼 터였다. 경제학 이론 및 조직 이론, 소비자 행동 이론, 마케팅 분야의 수학 이론 등을 되도록 많이 소개하려고 했는데, 과연 마케팅 강사들과 기업가들의 구미에 맞을지 무척 걱정스러웠다.

그래도 다행히 이 책은 엄청난 판매고를 기록했다. 마케팅을 과학적 단계로 한껏 끌어올리고 마케팅 분야의 위상을 높인 탓도 있었다. 특히 마케팅 종사자들의 호응이 무척 좋았다. 기업들이 직면한 마케팅 쟁점들을 의사결정 지향적 접근법으로 풀어갔다는 점에도 주목할 만했다. 광고에 얼마나 많은 비용을 써야 할까? 어떤 메시지가 가장 효과적일까? 얼마나 많은 판매 인력이 필요할까? 영업부서에 얼마나 많은 보상을 해야 할까? 프로모션을 진행할 때, 상품의 어떤 기능을 강조해야 할까? 이처럼 기업의 마케팅 담당자들은 수많은 문제에 직면한다.

나는 이 책을 3년에 한 번씩 수정하여 개정판으로 출간했다. 현재 15판까지 출간되어 있다. 또한 브랜드 마케팅 분야의 대가 케빈 켈러Kevin Keller 다트머스 대학 교수를 초청하여 개정신판 작업을 함께했다. 이 이외에 『Kotler의 마케팅 원리 Principles of Marketing』신판 작업에는 마케팅의 대가 게리 암스트롱Gary Armstrong을 초청하여 함께했다. 이 책은 현재 16판까지 나와 있다.

이런 과정 속에서 무엇과도 바꿀 수 없는 다양한 경험을 했다. 세계 유수 기업에 자문을 했으며, 전 세계 40개가 넘는 국가에서 마케팅 강연을 했다. 또한 앞으로 확인하겠지만, 취미삼아 틈틈이 귀중한 공예품을 수집하기도 했다. 59년을 함께한 내 멋진 아내 낸시, 그리고 세 딸과 손주 들의 지원이 없었다면 단 하나도 이루지 못했을 것이다.

한국의 독자들이 내 삶의 이야기에서 유익한 정보와 재미를 얻길 바란다. 우리는 저마다 다른 삶을 살아가지만, 흥미롭지 않은 삶은 없다.

현재의 삶을 즐기고 사랑하기를.

노스웨스턴 켈로그 경영대학원
국제마케팅 담당 석좌교수

필립 코틀러

pkotler@aol.com
www.pkotler.org

차례

한국어판 서문 – "흥미롭지 않은 삶은 없다" 4
여는 글 – 사그라들지 않는 호기심과 열정 12

Part. 1
나는 왜 마케팅을 선택했는가

Chapter. 1 **가족** – 학자의 길을 택한 삼형제 19
Chapter. 2 **유년** – 교양의 보고, 고전의 힘 25
Chapter. 3 **시카고 대학에서 MIT로** – "코틀러 씨, 통과했습니다" 30
Chapter. 4 **결혼** – 평생 친구이자 연인, 낸시를 만나다 36
Chapter. 5 **인도** – 풍요에 대한 고민 42
Chapter. 6 **루스벨트 대학에서 하버드** – 노동경제학에서 시장경제학으로 48
Chapter. 7 **켈로그 경영대학원** – 어디에 미래를 투자할 것인가 53
Chapter. 8 **처녀작** – 전설이 된 『마케팅 관리론』의 탄생 61

Part. 2
마케팅의 진화

Chapter. 9 **마케팅의 기원과 진화** – 최초의 마케터는 누구였을까 69
Chapter. 10 **마케팅의 확장** – 세상을 좋게 만드는 방법 75
Chapter. 11 **사회** – 국가적 대안이 된 마케팅 79

Chapter. 12 **비판과 칭찬** – 좋은 마케팅이란? 88
Chapter. 13 **장소** – 도시를 살리는 마케팅 95
Chapter. 14 **정치** – 표를 얻고 싶다면 마케팅하라 100
Chapter. 15 **박물관** – 사람을 끌어들이는 예술 106
Chapter. 16 **공연예술** – 진짜를 체험하게 하라 112
Chapter. 17 **종교** – 성경은 최고의 마케팅 텍스트 118
Chapter. 18 **변화** – 완전히 새로운 삶을 찾아서 124
Chapter. 19 **피터 드러커** – 현대 경영학의 아버지를 만나다 130
Chapter. 20 **컨설팅** – 이사진이라면 귀 기울여야 할 3가지 137
Chapter. 21 **성장의 조건** – 저성장 시대의 성장 전략 8가지 143

Part. 3
더 나은 자본주의를 위해

Chapter. 22 **비영리조직** – 사기업이 하지 않는 일에서의 성과 151
Chapter. 23 **정부와 지역** – 소비자 지향적 사고로 서비스를 개선하다 156
Chapter. 24 **부패** – 뇌물은 자본주의의 필연인가 163
Chapter. 25 **사회적 책임** – 이기주익를 버려야 성장할 수 있다 168
Chapter. 26 **대안** – 깨어 있는 자본주의 운동 176
Chapter. 27 **가난** – 저소득층 시장을 공략하라 183
Chapter. 28 **소득의 편중** – 함께 살아가는 세상이 더 아름답다 189

Chapter. 29 **번영** – 국가적 망상의 제거 194
Chapter. 30 **디마케팅의 시대** – 수요 억제 전략의 효과 202

Part. 4
마케팅의 눈으로 본 세상

Chapter. 31 **WMS월드 마케팅 서밋** – 마케팅을 통한 더 좋은 세계 만들기 213
Chapter. 32 **일본과의 인연** – 눈부신 성장과 20년의 침체 219
Chapter. 33 **일본 여행** – 낯선 사람들과의 색다른 경험 227
Chapter. 34 **나의 취미** – 네츠케와 츠바 수집에 재미를 붙이다 234
Chapter. 35 **또 다른 취미** – 유리의 오묘한 아름다움 240
Chapter. 36 **스웨덴** – 평생 잊지 못할 추억의 나라 247
Chapter. 37 **인도네시아** – 마케팅 3.0 박물관을 열다 254
Chapter. 38 **태국** – 늘 웃음으로 맞이하는 사람들 261
Chapter. 39 **브라질** – 브릭스BRICS의 부상 268
Chapter. 40 **멕시코** – 아이들을 유능하고 성숙한 시민으로 키우다 276
Chapter. 41 **이탈리아** – 전쟁의 아픔을 딛고 일어선 저력의 나라 283

Part. 5
앞으로 우리가 나아갈 길

Chapter. 42 국가 – 더 이상 독립적인 국가는 없다 291
Chapter. 43 개발의 동력 – 중심도시와 글로벌 기업의 협업 295
Chapter. 44 셔터쿼 – 삶이 충만해지는 배움 302
Chapter. 45 명성 – 그 빛과 어둠을 알다 308
Chapter. 46 신경제 – 창조적인 파괴자가 되어라 313
Chapter. 47 마케팅의 기능 – 소비자 주도로 진화하라 321
Chapter. 48 마케팅의 미래 – 마케팅은 살아 있는 이론 326

닫는 글 – 삶의 자극을 찾길 바라며 330
역자 후기 – 대가의 삶을 들여다보다 333
필립 코틀러의 저서 목록 339

여는 글

사그라들지 않는
호기심과 열정

마케팅 분야에 몸을 담고 어언 50년의 세월을 보냈다. 그간에 나는 교수이자 컨설턴트, 비즈니스 저술가로 활동해왔다. 마케팅을 속속들이 탐구하며 보낸 시간이라고 할 수 있다. 마케팅은 응용경제학의 한 분야다. 내가 여기서 제 몫을 했기를 바랄 뿐이다. 나는 지금까지 마케팅의 다양한 측면에서 50권이 넘는 책을 출간했다. 또한 사회 마케팅social marketing이라든가 디마케팅demarketing 등의 마케팅 기법과 이론을 소개하여 마케팅 분야의 폭을 넓혔다. 그 공로를 인정받아 명예박사 학위를 15개나 받았으며, 여러 차례 수상도 했다.

"마케팅이란 무엇입니까?"라는 질문을 받는다면, 어떤 답이 떠오르는가? 나는 그것이 '파는 일'이라고 확신한다. 광고를 게재하고 광고용 우편물DM, Direct Mail을 보내고 판매촉진 활동과 퍼블리시티Publicity를 벌여 제품을 판매하는 행위가 바로 마케팅이다. 그럼에도 이런 활동들은 마케팅에서 아주 작은 부분을 차지하고 있을 뿐이다. 마케팅은 원칙적으로 제품, 가격, 유통에 관한 판단에 도움이 되어야 한다. 또한 당연히 제품의 홍보 방식에도 영향을 미쳐야 한다. 마케팅은 고객 가치와 고객 만족을 창출하여 회사의 매출과 수익을 개선하고 고객들의 삶을 증진시키는 것을 목표로 하는 실용과학이다.

2014년 현재 83세에 접어들고 보니 지금이 내 자신의 삶과 경험을 돌아볼 적기일지 모른다는 생각이 든다. 또한 내가 아직 건강하고 호기심이 충만한 데다 배움에 대한 열정이 크고 늘 새로운 일에 도전하려고 한다는 점이 다행스럽다. 내 몸과 정신은 아직 60세 수준인 것 같다. 은퇴하고 싶은 마음은 전혀 없다.

사실 지금도 새로운 프로젝트를 여럿 진행하고 있다. WMSWorld Marketing Summit, 월드 마케팅 서밋. 세계 마케팅 회의를 위해 준비한 프로젝트도 진행 중이다. 일찍이 방글라데시 다카(2012년), 말레이시아 쿠알라룸프르(2013년), 일본 도쿄(2014년 9월 24~25일)에서 개최된 WMS에 대비해 준비한 것들이다. 도쿄에서 이틀에 걸쳐 진행된 이 행사에서는 저명한 강연가들과 마케팅 전문가들이 참여하여 '마케팅으로 더 나은 사회를 만들고자' 다양한 방식으로 의견을 주고받았다. 또한 강연가들과 패널들은 어떻게 안정된 경제성장과 사회 정의, 지속가능한 세상을 만들어나갈지 대안을 함께 모색했다. 우리는 오늘날 살아가고 있는 70억 명의 세계 시민들, 그리고 우리 후손들의 삶과 행복을 증진시키기 위해 기업과 정부, 비영리조직들이 어떻게 협력해야 할지에 초점을 맞추고 있다.

내 연구 활동의 초점도 국가의 경제발전에 대한 대도시의 역할에 두었다. 도시들이 강건하고 번영해야 강력한 국가로 발전할 수 있기 때문이다. 「자본주의에 대한 재고: 자본주의의 장점과 단점, 해법Reconsidering Capitalism: Strengths, Shortcomings and Solutions」라는 제목의 원고도 완성했다. 여기서 자본주의 단점 열네 가지를 들여다보고 각각의 단점을 극복하는 방안을 살펴볼 수 있다.

마케팅은 '고객 섬김'에 핵심을 두는 철학이자 사회 경제 문제를 해결하기 위한 활동과 기법이다. 여러분이 이 점을 이해하고 있으리라 믿어 의심치 않는다. 우리는 모두 누군가에게 무언가를 마케팅하고 있다고 할 수 있다. 아리따운 아가씨와 연애하고 있는 청년, 계약을 성사시키려고 애쓰는 CEO, 승진하려고 노력하는 말단 사원 등 모두가 저마다의 자리에서 마케팅을 하고 있는 셈이다. 이런 이유로 나는 많은 독자들이 마케팅이라는 분야에 관심 갖기를 고대하고 있다.

나로서는 자서전 같은 것을 생전 처음 써본다. 나에 관해 조금이라도 아는 사람은 '4P'라는 전문 용어를 접해봤을 것이다. 4P는 제품(Product), 가격(Price), 유통(Place), 홍보(Promotion)를 의미하는데, 이는 마케팅 프로세스의 핵심 4요소로 1960년대 처음 소개되었다. 현재 15판까지 나온 내 책 『마케팅 관리론: 분석, 계획, 통제』에서 바로 이 4P(제품, 가격, 유통, 홍보)의 개념을 인용하고 설명하고 있다. 이 책은 지금도 전 세계 대학에서 대학원 교재로 널리 활용되고 있다. 이 이외에도 나는 마케팅 관련 주제를 가지고 매우 다양한 관점에서 55권의 책을 썼다(필립 코틀러의 저서 목록 참고). 또한 연구 성과를 인정받아 여러 차례 수상을 했으며, 명예박사학위를 15개나 받았다. 그 과정에서 겪은 내 오랜 모험에 관한 이야기를 바로 여러분, 독자들과 나누고 싶다.

Part. 1

나는
왜 마케팅을
선택했는가

PHILIP KOTLER

MY ADVENTURE IN MARKETING

Chapter. 1

가족

학자의 길을 택한 삼형제

우리 가족에 관한 것으로 이야기를 시작해보려고 한다. 나는 미국에서 대공황이 한창이던 1931년 5월 27일 일리노이 주 시카고에서 장남으로 태어났다. 러시아의 니즈니 노브고로드Nizhyn Novgorod에서 태어난 우리 아버지 모리스 코틀레브스키Maurice Kotlerevsky는 17세에 사회주의 혁명이 한창이던 러시아를 떠나 미국으로 이주했다. 아버지는 거의 무일푼으로 뉴욕시 가까이에 있는 엘리스 섬Ellis Island에 들어갔다. 그리고 당신의 이름을 코틀러Kotler로 짧게 줄였다. 그로부터 얼마 후 아버지는 친척들의 도움으로 시카고에 터를 잡았다.

뒤쪽으로 아버지(모리스)와 어머니(베티). 앞에서 왼쪽부터 밀턴, 네일, 나

내 어머니 베티 부바Betty Bubar는 우크라이나의 베르디체프Berdichev에서 태어났다. 어머니는 12세에 캐나다로 이민을 가셨지만, 얼마 되지 않아 거기서 미국 시카고로 거처를 옮겼다. 그로부터 몇 년 후 아버지를 만나 사랑에 빠졌고 곧 결혼에 이르게 되었다. 결혼 후 두 분 모두 일을 새로 시작했다. 어머니는 대형 백화점에서 점원으로 일했고, 아버지는 세탁소에서 충분한 돈을 벌어서 생선 가게를 열었다.

어머니는 내 뒤로 두 남동생을 낳았는데, 우리 형제는 나이 터울이 꽤 났다. 내 바로 아래 동생 밀턴Milton은 나보다 다섯 살이

어렸고, 막내 동생 네일Neil은 나보다 열 살이나 어렸다.

우리 삼형제는 저마다 외모도 다르고 성격도 제각각이었지만, 공통점이 하나 있었다. 우리는 모두 학구열에 불탔으며, 세상을 더 좋은 곳으로 만들겠다는 포부를 품었다.

우리 고향 시카고는 당시에만 해도 빈부격차가 날로 심해지고 치안이 악화되어 골머리를 앓고 있었다. 우리는 어린 아이였지만, 부자와 가난한 자 사이에 생기는 모순을 직접 목격하고 실감했다. 의식주에 부족함이 없었음에도 부자들에 비하면 가난하다

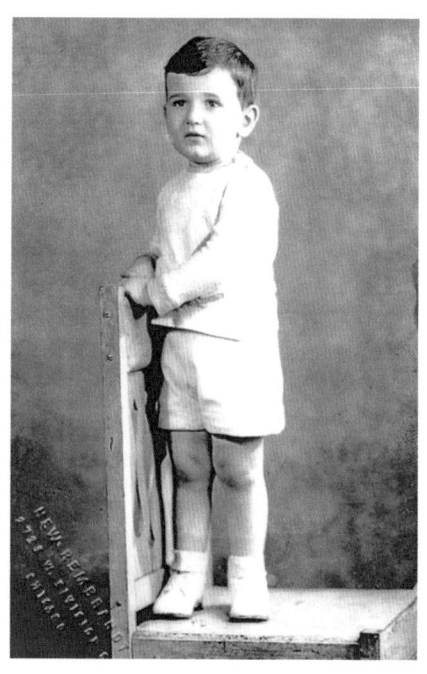

연설할 준비가 된 듯한 어린 시절의 나

왼쪽부터 밀턴, 나, 네일

고 생각했으니 말이다.

　이후 좌파이념을 받아들인 둘째 밀턴은 16세에 시카고 대학에 진학했고, 졸업 후에는 워싱턴 D.C. 소재 좌파 성향 연구소에서 일했다. 또한 밀턴은 『이웃 정부Neighborhood Government』라는 의미 있는 책을 출간했다. 이 책에서 밀턴은 미국인들이 자유와 권리를 되찾기 위해 이웃 지배구조를 설정해야 한다고 강력히 주장했다. 그런데 세월이 흐르면서 밀턴의 정치 성향도 점차 바뀌었고 결국 그는 헌신적인 보수주의자로 변신했다. 밀턴은 2004년 기회의 땅 중국에서 코틀러 마케팅 그룹Kotler Marketing Group을 설립했다. 직원이 50명 남짓한 이 작은 회사는 최근 맥킨지McKinsey를 비롯한 세계적인 자문 회사들을 능가하면서 중국 최고의 마케팅 전략 자문 회사로 발돋움했다. 얼마 전에는 나와 함께 『필립 코틀러 어떻게 성장할 것인가: 2013-2023 저성장 경제의 시장 전략Market Your Way to Growth: Eight Ways to Win』과 『글로벌 시장 전략: 세계 최고의 도시에서 투자하고 성장하는 법 Winning Global Markets: How Business Invest and Prosper in the World's Top Cities』을 함께 출간했다.

막내인 네일은 우리와는 다른 길을 선택했다. 네일은 위스콘신 대학 메디슨 캠퍼스에서 정치학을 전공한 후 시카고 대학에서 정치학 박사학위를 받았다. 네일은 민주주의와 미국 초기 역사 연구에 심취했는가 하면 이상적인 정부의 형태를 깊이 탐구했다. 나중에는 박물관과 NPOnonprofit organization, 비영리조직에 관한 연구에 주력했다. 이와 관련하여 2003년 나와 함께 쓴 『뮤지엄 전략과 마케팅: 사명 설계, 관객 개발, 수입 및 자원 창출Museum Strategy and Marketing: Designing Missions, Building Audiences, Generating Revenue and Resources』은 박물관 관계자들 사이에서 박물관 마케팅 전략에 관한 '교과서'로 통한다. 그러나 인생의 절정기를 보내던 우리 막내는 안타깝게도 72세에 백혈병으로 세상을 떠나고 말았다. 열정이 넘치고 재능이 뛰어난 막내 동생을 잃은 후 나는 한동안 슬픔에서 헤어나지 못했다.

못 배운 이민자 부모 밑에서 태어난 삼형제가 어떻게 용케 학자의 길을 가게 되었는지 지금 생각해도 잘 모르겠다. 그래도 우리 삼형제가 아름답고 자애로운 어머니를 무척 사랑했다는 사실은 분명하다. 타고난 축구 선수였던 아버지는 우리들이 운동선수가 되길 바랐다. 하지만 삼형제가 하나같이 운동에는 관심이 없었다. 우리는 모두 '정신의 삶'을 즐겼다. 말년에 아버지가 내게 남긴 말을 잊을 수가 없다. 아버지는 미소 가득한 얼굴로 내게 말했다. "우리 아들들이 이렇게 자랑스러웠던 적이 없구나."

Chapter. 2

유년

교양의 보고, 고전의 힘

어린 시절부터 나는 훌륭한 업적을 이룬 사람들의 소식을 접할 때마다 그들처럼 훌륭한 일을 해야겠다고 생각했다. 우주비행사에 관한 기사를 읽었을 때는 나도 우주를 여행하고 싶었다. 아인슈타인에 관한 이야기를 접했을 때는, 과학자도 되고 싶고 수학자도 되고 싶었다. 에이브러햄 링컨의 전기를 읽을 때면, 정계에 진출해야겠다고 생각했다. 우디 알렌Woody Allen 감독의 영화 「젤리그Zelig」를 봤다면 알겠지만, 나는 주변 사람들을 흠모하여 늘 그들처럼 되고 싶어 하는 '젤리그' 같았다.

내가 여러 직업에 대한 환상을 가진 데에는 나름의 이유가 있었다. 나는 수많은 책을 읽으며 꿈을 키웠다. 예컨대 허먼 멜빌Herman Melville의 『백경Moby Dick』, 토마스 만Thomas Mann의 『마의 산The Magic Mountain』, 도스토예프스키Dostoyevsky의 『죄와 벌Crime and Punishment』은 내게 깊은 감명을 주었다. 이 작품들을 비롯한 뛰어난 소설들을 읽으며 나는 소설가가 되는 꿈을 키웠다. 복잡한 등장인물들을 묘사하고 그들이 힘겨운 도덕적 딜레마와 싸우는 모습을 마음속에 그렸다.

고등학교에 들어가서는 글쓰기에 관심이 커졌다. 그때부터 학교 신문에 기사를 쓰고, 그날그날의 동향을 이야기하고 비평했다. 예컨대 젊은이들이 운동에 시간을 너무 허비한다고 주장했는가 하면 양질의 뉴스와 라디오 토론 프로그램이 부족하다고 지적하기도 했다. 미국 영화의 대부분이 별 볼 일 없다는 주장을 펼치기도 했다. 한편 토론 동아리 회장이었던 나는 노동자들이 노조에 가입해야 하는지 아닌지, UN(국제연합)이 자체 군대를 가져야 하는지 아닌지 등 당시의 뜨거운 논쟁거리를 두고 학생들과 설전을 벌였다. 그즈음 제2차 세계대전이 막을 내리고 세계 질서가 재편되었다.

나는 또한 편집장에 선출되어 '로그Log'라는 동기회 연보 제작을 맡았다.

고등학생이었던 나는 장래를 생각하지 않을 수 없었다. 당시 유대인 이민자들은 대개 세 가지 직업 중 하나, 즉 의사나 변호사가 아니면 기술자가 되라고 자식들에게 권했다. 하지만 나는 그

나(왼쪽 끝). 사진 속 편집자들 중에 시인이자 싱어송라이터, 만화가로 끝없는 재능을 발휘한 쉘 실버스타인Shel Silverstein도 보인다. 그의 재능은 고등학교 시절에 이미 증명되었다.

런 직업에 매력을 느끼지 못했다. 고민 끝에 회계사가 되어야겠다고 다짐하기도 했다. 경제학을 깊이 공부할 수 있고, 꾸준하고 안정적인 수입을 얻을 수도 있을 것 같았기 때문이다.

그러던 중 시카고의 명문 드폴 대학DePaul University에 입학원서를 제출했다. 드폴 대학은 내게 전액 장학금을 지원해주었다. 당시 회계학과 법학을 복수 전공한 사람들이 업계에서 꽤 인정을 받았기에 두 분야에서 학위를 따기로 마음을 먹었다. 하지만 1년이 지나고 나니 무언가가 부족하다는 생각이 들었다. 회계와 법에 관한 실용 지식뿐만 아니라 내가 습득하는 지식의 범위를 확장하고 싶었다.

바로 그 시점에 주옥같은 고전들을 고르는 고전 운동Great Books movement을 접하게 되었다. 삼류 대학이었던 시카고 대학을 일류로 만든 로버트 허친스Robert Hutchins가 철학사이자 교육자였던 모티머 애들러Mortimer Adler와 머리를 맞대고 고전 운동을 창안했던 것이다.

애들러와 그 동료들은 고전 100권의 목록을 만들어 학생들이 위대한 사상가들의 철학을 접하게 했다. 학생들은 인류가 직면한 근본 문제를 깊이 들여다보며 활발히 토론을 벌여나갔다. 고전 운동이 주로 시카고 대학에서 진행되었기에, 나는 드폴 대학에서 2년을 공부한 후 다시 시카고 대학에 지원했다. 그때도 장학금을 받고 경제학과에 입학했다. 시카고 대학에 입학하고 나서는 플라톤과 아리스토텔레스, 마키아벨리 같은 위대한 철학자들의 사상을 꾸준히 공부해나갔다. 그러면서 비판적 사고능력을 키웠다.

시카고 대학 총장
로버트 메이나드 허친스

고전 운동의 창안자
모티머 애들러

그때부터 '더 나은 사회를 만드는 일'을 평생의 숙원으로 삼게 되었다.

　물론 플라톤의 책 등 위대한 고전에서 수학이나 경제학, 공학 기술에 관한 지식을 획득할 수는 없는 법이다. 더욱이 지금과 같은 인터넷 시대에 학생들은 기업가 정신이나 혁신, 첨단 기술에 더 관심을 가지기 마련이다. 그럼에도 내 믿음에는 변함이 없다. 과거의 위대한 사상을 습득하면 더 나은 세상을 만들어가기 위한 개념을 갖추고 영감을 얻게 된다.

Chapter. 3

시카고 대학에서 MIT로

"코틀러 씨, 통과했습니다"

시카고 대학의 분위기는 내 지적 호기심을 자극했다. 이곳의 경제학과는 탁월한 교수진으로 구성되어 있었다. 나는 밀턴 프리드먼Milton Friedman과 프랭크 나이트Frank Knight 같은 저명한 경제학자들이 속한 시카고 경제학파 교수들에게서 자유시장의 역할과 경쟁, 그 가치에 대해 배웠다. 자유시장 경제의 옹호자인 밀턴 프리드먼은 애덤 스미스Adam Smith가 『국부론Wealth of Nations』을 저술한 지 200년이 지난 1976년에 탁월한 공로를 인정받아 노벨 경제학상을 수상했다. 프리드먼은 그의 책 『자본주의와 자유Capitalism and Freedom』(1962년)와 『선택의 자유Freedom to Choose』

밀턴 프리드먼, 시카고 대학

(1979년)로 개인주의와 자유시장 경제를 주창해왔다.

 14살 때 마르크스Marx의 『공산당 선언The Communist Manifesto』을 읽었는데, 당시에만 해도 이 책이 자본주의에 강력한 반론을 제기한 것이라고 생각했다. 더군다나 나는 가난한 환경에서 자랐기에 록펠러Rockefeller와 카네기Carnegie 가문의 호화 생활에 대해 듣고 화가 나 있던 차였다. "왜 소득 분배가 이처럼 불평등하게 이루어질까?" 그날로부터 나는 내 꿈을 분명히 깨달았다. 경제 이론을 잘 활용하여 보다 평등한 사회를 만드는 일에 헌신하겠다는.

경제학 석사학위를 받은 시카고 대학

하지만 실제 세상을 이해하기에 나는 너무도 어렸다. 얼마 되지 않아 내가 동경했던 마르크스의 평등사상은 권력을 추구하고 권위주의 체제를 구축하는 사람들에 의해 그 가치를 잃고 말았다. 한편으로 시카고 대학에서 위대한 경제학자들의 강연을 들으면서 내 생각도 바뀌었다. 나는 자본주의 이론에 매료되었다.

시카고 대학에는 걸출한 교수들이 다양한 사회과학 분야를 담당하고 있었다. 여기서 나는 심리학, 사회학, 인류학, 정치학 등 다양한 학문을 접하며 많은 것을 배웠다. 다양한 사회과학 분야를 접한 덕분에 내 사고도 상당히 성장했다.

20대 초반 시카고 대학에서 경제학 석사학위를 받고 나서 내

폴 새뮤얼슨 교수에게 큰 영향을 받은 MIT

가 따라가야 할 길이 분명해졌다. 그때 나는 경제학자로서 세상을 선도하는 대학에서 일하겠다는 목표를 세웠다.

다음 단계로 박사학위를 이수하는 일이 남았다. 당시에만 해도 시카고 대학 이외에 하버드 대학, MIT, 캘리포니아 대학 버클리 캠퍼스가 경제학 분야에서 높게 평가받고 있었다. 나는 MIT에 지원하기로 했고, 그렇게 웨스팅하우스 연구 장학금을 받고 시카고 대학에 입학하게 되었다. 그리고 곧바로 매사추세츠 주 보스턴으로 향했다. 보스턴은 지적 자극으로 가득 찬 도시였다.

여기서 다시 걸출한 교수님들의 지도 아래 경제학을 공부할 수 있었다. 내 지도 교수들 중 한 사람인 폴 새뮤얼슨Paul Samuelson

은 수많은 연구 논문을 발표한 것은 물론 거시경제학 교재로 유명한 『경제학Economics』을 저술한 사람이다. 이 책은 10판에 걸쳐 출간되어 원론 교과서로서 전 세계적으로 높은 평가를 받고 있다. 새뮤얼슨 교수를 만나면서 내 경제학적 사고도 자유시장 경제에서 케인스 경제학Keynesian Economics으로 바뀌게 되었다. 불경기에는 단기간 부채를 늘리는 일이 있어도 경기 부양에 정부가 적극적 역할을 해야 한다는 점도 깨닫게 되었다.

MIT의 경제학 교수진에는 현대 재무이론을 정립한 프랑코 모딜리아니Franco Modigliani, 경제성장의 중요 변수로 혁신을 강조한 로버트 솔로Robert Solow도 포함되어 있었다. 모딜리아니는 1985년, 솔로는 1987년 각각 노벨 경제학상을 수상한 바 있다.

박사 논문을 완성하고 나니 마지막 관문으로 심사위원 교수들의 면접 심사가 남았다. 폴 새뮤얼슨, 로버트 솔로, 찰스 마이어스Charles Myers, 이렇게 세 교수가 내 박사 논문 심사를 맡았다.

폴 새뮤얼슨, 로버트 솔로, 프랑코 모딜리아니

기억하기로는 새뮤얼슨 교수가 내게 "칼 마르크스의 노동가치설을 어떻게 생각합니까?"라고 물었다. 이에 나는 이렇게 대답했다. "가치는 노동뿐만 아니라 또한 자본에 의해 생산됩니다. 궁극적으로 가치는 소비 경험을 떠나서 구매자들의 마음에서 발견되는 개념입니다." 지금 생각해보니 마케팅에서 사용되는 가치 개념 같은 것을 말했던 것 같다. 30분 동안 교수들의 질문에 답한 나는 나가서 대기하라는 지시를 받고 밖에서 결과를 기다렸다. 나도 사람이라 초조한 마음은 어쩔 수 없었다.

그때 한 일화가 내 머릿속을 스쳐 지나갔다. 새뮤얼슨 교수가 하버드에서 박사 논문 심사를 받았을 당시, 조지프 슘페터Joseph Schumpeter 교수와 앨빈 한센Alvin Hansen 교수가 심사위원을 맡았다고 한다. 새뮤얼슨이 시험장을 나가자 두 교수는 서로의 얼굴을 쳐다봤다. 그리고 슘페터가 "우리가 그에게 통과된 게 맞나?" 하고 한센에게 물었다고 한다.

5분이 지났을까. 새뮤얼슨, 솔로, 마이어스 이렇게 세 사람이 함께 나와 내게 말했다. "축하합니다. 코틀러 씨, 통과했습니다."

Chapter. 4

결혼

평생 친구이자 연인, 낸시를 만나다

누구나 일생에 한 번은 평생 친구이자 연인을 만나게 된다. 나의 아내 낸시Nancy는 인생 최고의 친구이자 연인이다. 이런 마음은 내 책 『마케팅 관리론: 분석, 계획, 통제』의 헌사에 분명히 표현되어 있다. (이 책은 1967년 1판이 출판된 이래 15판까지 헌사 역시 그대로 이어졌다.) '이 책을 내 아내이자 평생 친구인 낸시에게 바칩니다.' 나는 헌사에 형용할 수 없는 감사와 사랑의 마음을 가득 담았다.

중매쟁이의 도움을 받지도 않았고 인터넷 데이트 서비스를 이용하지도 않았는데, 낸시를 만났다니 생각할수록 정말로 놀라운 일이다. 낸시를 만난 것은 내 나이 23세 때로 거슬러 올라간다.

나의 사랑 낸시 코틀러

어느 날 MIT의 기숙사에 있었던 나는 '졸리업jollyup'이라는 사교 파티 일정을 알리는 대자보를 발견했다. 포스터에는 하버드 대학의 여자 대학인 래드클리프 대학Radcliffe College에서 파티가 개최될 예정이라고 적혀 있었다.

"졸리업이 뭐야?" 나는 동급생 친구에게 물어보았다. 그랬더니 그는 이렇게 답했다. 졸리업은 '래드클리프 여학생들이 괜찮은 배우자감을 만나려고 만든 파티'라고 했다.

래드클리프 대학 기숙사에서 열린 파티에는 여학생들이 30명 남짓 참여했다. 그에 비해 남학생은 셀 수 없이 많았다. 하버드 학생들은 하나같이 재킷을 차려 입고 있었다. 그 모습이 꽤나 멋있어 보였다. 반면에 MIT 학생들은 대부분 커다란 계산기 손목시계를 차고 있었다. 그들 중 일부는 주머니에 계산자까지 넣은 채 다녔다.

나는 주위를 둘러보다가 검은색 머리칼과 호수 같은 눈을 가진 예쁜 여학생을 보았다. 나는 곧장 그녀에게 다가가 함께 춤을 추고 싶다고 말했다. "그래." 그녀는 웃으며 말했다. 춤을 추면서 나는 그녀에게 말했다. "클레오파트라랑 춤을 추고 있는 것 같아." 그러자 그녀가 활짝 웃으며 대꾸했다. "그래, 난 클레오파트라야." 그렇게 우리의 사랑은 싹텄다.

파티가 끝나갈 무렵, 나는 다가오는 주말에 MIT 앞에 펼쳐진 찰스 강에서 보트를 타자고 그녀에게 제안했다. 그녀는 내 제안을 흔쾌히 수락했다. 사실 문제가 하나 있긴 했다. 나는 보트를 몰아본 적이 한 번도 없었던 것이다. 이에 나는 주말이 오기 전까지 보트 모는 법을 열심히 익혔다. 마침내 그날이 다가왔고, 나는 자동차로 낸시를 데리러 갔다. 낸시는 나를 보자마자 눈이 동그래졌다. 내가 신었던 검정가죽 신발은 아무리 봐도 보트를 몰려는 차림이 아니었기 때문이다.

날씨는 화창했다. 우리가 탄 보트는 찰스 강을 미끄러지듯 나아갔다. 하지만 행운도 잠시뿐, 바람이 갑자기 사라졌다. 우리는 오도 가도 못하는 신세가 되었다. 다행히 연안 경비대 보트가 나타나 우리를 끌어주었다. 낸시는 공포에 질리기는커녕 크게 웃었다. 내 서투른 보트 운전 솜씨 때문에 즐거워하는 것 같았다.

1953년에 연애를 시작해서 이제 결혼 59주년이 되었다니 정말 놀랍기 그지없다. '졸리업'을 소개하는 대자보를 포함해 모든 것에 감사하는 마음이다! 덕분에 어여쁜 아내와 세 딸, 아홉 손주를 얻는 축복을 받았다.

아내를 만남으로 해서 삶이 얼마나 아름답고 소중한지 깨닫게 되었다. 아내 덕분에 내 삶이 정화되었다. 아내는 법학 학위를 땄다. 영리한 아내 덕분에 주택계약과 출판계약 등 삶에서 중요한 일들을 잘 처리할 수 있었다. 이 모든 것 외에도 아내는 우리의 세 딸 아미Amy, 멜리사Melissa, 제시카Jessica를 낳아주었다.

우리 딸들 아미, 제시카, 멜리사

우리 손주들

    세 딸은 모두 결혼해서 가정을 꾸렸으며, 우리에게 아홉 손주를 선사했다. 아미는 조단Jordan, 제미Jamie, 엘리Ellie, 아비Abby를, 멜리사는 올리비아Olivia와 샘Sam을 우리에게 안겨주었다. 그리고 제시카는 셰이나Shaina, 사파이어Sapphire, 단테Dante를 우리에게 선물했다.

    이 세상에는 다양한 배경을 가진 사람들이 서로 만나 결혼을 한다. 그런데 많은 사람들이 배우자의 사회적 지위가 자신과 동등한지, 신부가 혼수를 충분히 해올 수 있는지를 중요하게 따지는 것 같다. 사실 정작 중요한 것은 부부 금슬이다. 평생의 동반자를 찾는 일에도 운이 따라야 한다. 오죽하면 결혼 시장이 세상에서 가장 효율이 낮은 시장 중 하나로 통할까. 시장이 완성되지 않았기에 하루가 멀다 하고 새로운 데이트 서비스가 생겨나고,

자기 짝을 찾는 남성과 여성들에게 날이 갈수록 많은 정보가 노출되고 있다. 선택의 폭도 넓어졌다. 이런 서비스가 존재하지 않았던 시절에 나는 낸시를 만나 결혼했다. 어떠한 도움 없이도 우리는 기적적으로 성공적인 가정을 이루었다.

Chapter. 5

인도

풍요에 대한 고민

MIT에서 박사 논문 심사를 받을 때, 새뮤얼슨 교수는 내게 노동가치설에 대해 물었다. 이유는 무엇일까? 내가 박사과정을 밟는 동안 노동경제학에 깊은 관심을 가졌기 때문이다.

우리 부모님도 노동자 계층에 속했던 만큼, 나는 늘 노동자들에게 대해 깊은 동정을 품었다. 극심한 빈부격차가 악화되는 것을 볼 때는 화가 치밀었다. 노동자들이 그들의 노동에 대한 정당한 대가를 받고 있는지 의심스러웠다. 거의 모든 노동자들이 분명히 최저생활임금도 받지 못하고 있었다. 이런 현실을 보면서 노동 관련 문제를 내 연구 영역으로 다루기로 결심했다. 또한 소득 불평등을 완화하는 면에서 노동조합의 역할을 분석하고 싶었다. 한편으로 노동에 대한 경영진의 태도는 우리가 영원히 다뤄야 할 주제라고 생각한다. 최근 맥도날드McDonalds에서 벌어진 사태를 보더라도 이런 생각을 지울 수 없다. 맥도날드 직원들은 종업원들의 임금을 올려주기는커녕 또다시 값비싼 개인전용 비행기를 사들인 회사에 항의를 했다.

MIT에서 나는 노동 및 산업 경제학 분야의 세계적인 권위자인 찰스 마이어스 교수를 멘토로 삼았다. 당시 마이어스는 개발도상국 노동자들의 임금 및 노동조합의 역할 등 현 노동 실태를 연구, 조사하고 있었다. (포드재단이 프로젝트 자금을 지원했다.) 캘리포니아 대학 버클리 캠퍼스의 클라크 커Clark Kerr, 시카고 대학의 프레드 하비슨Fred Harbison, 하버드 대학의 존 던롭John Dunlop, 이렇게 세 교수도 마이어스 교수의 연구에 동참했다.

1955년 봄, 마이어스 교수가 그의 연구에 동참하라는 제안을 해왔다. 그는 그해 가을에 인도로 가서 1년 동안 연구를 진행해야 한다고 말했다. 내 유일한 걱정은 낸시의 반응이었다. 1955년 1월 30일에 결혼을 하고 신혼생활을 1년도 하지 못한 채 해외에 나가야 하는 상황이니 걱정이 안 될 수가 없었.

나는 즉시 내 앞에 놓인 기회를 두고 낸시와 상의했다. 당시 낸시는 여전히 래드클리프 대학에 재학 중이었고, 9월에 2학년이 될 예정이었다. 그런데 이야기를 나눠보니 낸시는 이미 E. M. 포스터E. M. Forster의 『인도로 가는 길A Passage to India』을 비롯해 인도 관련 책을 많이 읽은 후였다. 낸시는 함께 인도에 가게 되어서 정말 기쁘다고 했다. 아내의 말을 들어보니 인도는 우리의 신혼 생활을 만끽하기에 정말 좋은 곳이 될 것 같았다. 낸시는 곧장 학교에 1년 휴학계를 냈다. 우리는 인도로 떠났다.

보스턴에서 비행기에 오른 우리는 런던과 카라치를 경유하여 인도 뭄바이에 도착했다. 그때부터 우리 부부에게 넓디넓은 세상이 열리기 시작했다. 1954년에 혼자서 딱 한 번 해외에 나갔다 왔는데, 그때는 20여 개의 유럽 도시들을 돌아다녔다. 런던, 파리, 로마, 코펜하겐, 비엔나, 부다페스트, 칸 등이 특히 기억에 남는다.

그런데 인도에 도착하고 나서 생각지도 못하게 완전히 다른 세상을 접하게 되었다. 구걸하는 아이들, 거리에서 생활하는 사람들, 방목되는 소들, 공기 중에 떠도는 이상한 향신료 냄새 등 모든 게 낯설고 어색했다.

인도의 노동자들에게 높은 임금을 지불하면 그들의 생산성을 높일 수 있을까? 나는 이 물음을 내 연구의 주요 테마로 삼았다. 나는 노동자들이 생계유지와 아이들 교육, 의료혜택 등에 관한 조건을 충족할 수 있다면, 기업들이 능력 있는 노동자들을 더 많이 끌어들일 수 있다고 가정했다. 또한 소득이 높아지면 노동자들이 생계와 교육에 지출을 늘리고 더 나은 삶을 살 것이라고 생각했다.

하지만 내가 세운 가설을 뒷받침할 만한 자료가 부족했다. 인

인도 델리의 거리 풍경

도 노동자들의 실상도 내 생각과는 달랐다. 노동자들은 많은 소득을 올리고 나면 대부분 일을 그만두고 고향으로 돌아갔다. 일부는 술과 도박, 매춘에 빠져 재산을 탕진했다. 아내들은 남편이 돈을 다 써버리기 전에 남편의 급여를 직접 챙기기 바빴다. 당시에만 해도 나는 이런 노동자들의 실상을 잘 파악하지 못했다.

뭄바이에서 3개월을 지낸 후, 낸시와 나는 델리로 이동했다. 거기서 인도의 경제를 연구하는 미국인들(리온 히어쉬Leon V. Hirsch 같은 사람들)뿐만 아니라 현지 출신의 학자들(수비야 카나판Subbiah Kannapan 같은 사람들)을 많이 만났다. 폭스바겐 '비틀'을 타고 다니던 두 미국인, 래리Larry와 테리Terry도 만났다. 두 사람과 함께 아그라Agra

타지마할Taj Mahal을 비롯해 자이푸르Jaipur의 관광명소들을 구경했다. 그들은 인도 수도 델리로 가는 길에도 우리와 함께했다. 거기서 우리는 하인이 있는 작은 집을 잡고 그들과 함께 묵었다. 한창 겨울이었던 델리는 몹시 추웠다. 그래도 우리는 또 다른 젊은 부부를 만나 한 숙소에서 즐거운 시간을 보냈다.

우리는 델리에서 3개월을 머물다가 캘커타Calcutta, 현 콜카타 Kolkata의 전 이름로 떠났다. 거기서 또 3개월을 보냈다. 캘커타는 기념비적인 영국풍 건물들이 줄지어 서 있는 이국적인 도시지만, 뒷골목 밤거리에는 노숙자들이 넘치고 가난에 찌든 서민들의 애환이 남아 있었다. 나는 계속 자료를 수집해나갔다. 그러다

인도의 사리Sari를 입은 낸시

예상치 못한 문제에 부딪혔다. 사리를 즐겨 입고 사람 만나기를 좋아한 낸시가 음식 때문에 애를 먹다가 체중이 줄기 시작했던 것이다.

낸시는 곧바로 병원을 찾았고 의사는 그녀에게 미국으로 돌아갈 것을 권고했다. 내 연구가 채 끝나기 전에 미국으로 돌아가야 하는 상황이었다. 결국 낸시는 나보다 한 달 일찍 인도를 떠나게 되었고 다행히 금방 건강을 회복했다. 나 역시 박사학위 논문을 마무리하고 1956년 8월 보스턴으로 돌아가는 비행기에 올랐다.

비록 내가 세운 가설을 입증하지 못했지만, 내 박사학위 논문은 새로운 관찰과 의견이 가득했다. 귀국하자마자 나는 MIT 논문심사위원회에 내 논문을 넘겼다. 그리고 위원들의 승인을 받았다. 그 결과, 나는 경제학 박사학위를 이수한 뒤 1956년 9월 MIT를 졸업할 수 있었다.

곧바로 나는 노동경제학 강사 자리를 찾아 다녔지만, 마땅한 자리를 얻지 못했다. 하지만 이후에 다양한 영감을 얻게 되면서 내 연구 분야를 바꾸게 되었다.

Chapter. 6

루스벨트 대학에서 하버드
노동경제학에서 시장경제학으로

1968년대로 접어들면서 미국은 수많은 문제에 직면했다. 베트남 전쟁이 시작되었고, 환경오염, 인종차별, 여성인권 등 사회적 문제에 대한 우려가 높아지고 있었다. 비틀즈가 록의 대가로 떠오르고 히피들이 나타나 기존 문화와 가치관에 반대하는 반문화 counter-culture 운동이 벌어지면서 젊은이들도 변화하고 있었다.

낸시와 나는 그 와중에 시카고로 가서 강사 자리를 찾기 시작했다. 제일 먼저 노스웨스턴 대학과 시카고 대학에 문을 두드려 봤지만, 빈자리가 하나도 없었다.

단과대학 몇 군데를 더 염두에 두긴 했지만, 루스벨트 대학에

처음 학생들을 가르친 루스벨트 대학

마음이 이끌렸다. 이 대학은 미국 32대 대통령 프랭클린 루스벨트Franklin Roosevelt의 아내 엘리너 루스벨트Eleanor Roosevelt가 후원하여 설립된 학교로 고귀한 이상을 추구하고 있었다. 이 점이 마음에 들었다. 이에 루스벨트 대학이 제안한 경제학과 조교수 자리를 흔쾌히 수락했다. 루스벨트 대학 경제학과에는 경제학 분야에 지대한 공헌을 한 경제학자이자 '왼편의 밀턴 프리드먼'이라 불리는 아바 러너Abba Lerner 교수도 있었다. 월터 와이스코프Walter Weisskopf 교수와 일하는 것도 즐거웠다. 와이스코프 교수는 경제학에 철학적, 인간적 관점을 적용한 학자였다. 또한 당시만 해도 경제가 마치 뉴턴 물리학인 것처럼 소비자와 생산자, 유통업자 쪽의 의사결정에 대해 합리적 극대화를 할 수 있다는 생각이 만연했는데, 와이스코프 교수는 앞장서서 이런 풍조를 비판했다. 두 사람은 모두 나치의 잔학한 행위로부터 간신히 목숨을 건지고 미국으로 이주했다. 두 사람의 업적과 살아온 이야기에 저절로 마음이 이끌렸다.

루스벨트 대학에서 학생들을 가르치는 일은 재밌고 즐거웠다. 많은 학생들이 아메리칸 드림을 실현하려고 대학에 진학한 첫 번째 세대에 속했다. 나이 차이가 별로 안 났기에 나는 학생들에게 때론 친구처럼, 때론 형이나 오빠처럼 다가갈 수 있었다.

루스벨트 대학에서 생활한 지 2년 차가 되던 해 포드재단Ford Foundation이 젊은 경제학 교수진으로 50명을 선발하여 고등수학 연구차 하버드 대학에 파견하기로 했다는 소식을 들었다. 포드재단은 수학과 사회과학을 근간으로 하여 경영에 관한 교육을 개선하고자 이를 계획했다. 당시 미국의 경영자들은 복잡한 문제를 다루는 의사결정에서 수학적 분석이 중요하다는 사실을 절감하고 있던 터였다.

나는 전도유망한 50명의 젊은 학자들 중 한 사람으로 선발되는 행운을 얻었다. 이는 또한 낸시와 함께 그녀의 가족이 있는 보스턴으로 거처를 옮겨야 한다는 의미였다. 낸시는 기뻐서 어쩔 줄 몰라 했다.

포드재단의 프로그램을 위해 선발된 교수진은 회계, 재무, 경

왼쪽부터 프랭크 배스, 로버트 버젤, 빌 레이저, 제리 맥카시
(에드 페시미어의 사진은 구하지 못했다)

영 전략, 운용, 인적자원, 마케팅 등 다양한 분야에 몸담고 있었다. 나는 특히 프랭크 배스Frank Bass, 에드 페시미어Ed Pessemier, 로버트 버젤Robert Buzzell, 제리 맥카시Jerry McCarthy, 빌 레이저Bill Lazer 등 마케팅 전공 교수들과 시간을 많이 보내기로 했다. 그들은 모두 후에 마케팅 분야에서 뛰어난 명성을 쌓은 인물들이다. 그들과 많은 시간을 보내기로 한 것은 시장과 가격결정 메커니즘이 실제로 어떻게 가동되는지 알고 싶었기 때문이다. 당시 경제 관련 연구에서는 수요와 공급 관련하여 가격결정과 결과치가 추상적으로 묘사, 분석되고 있었다. 이런 상황에서 내 지적 호기심을 전혀 충족시킬 수 없었다.

독자들 중에는 경제학과 마케팅을 상이한 연구 분야로 생각하는 사람들도 있을지 모르겠다. 하지만 사실은 그렇지 않다.

마케팅은 응용경제학의 한 분야이다. 마케팅으로 상품이 생산자로부터 도매업자와 소매업자에게 넘어가는 단계와 가격이 결정되는 과정을 들여다볼 수 있다. 그런데 경제학자들은 이런 부분에 대해 거의 이야기하지 않았다. 그러므로 어떻게 수요가 광고와 판촉활동, 상품의 기능, 상품화 같은 마케팅 툴에 의해 영향을 받는지 설명하는 일도 거의 없었다. 과거부터 경제학자들은 마케팅 툴을 활용하여 수요곡선을 상향시킬 수 있다고 말했지만, 그에 대한 분석과 연구를 충분히 하지 않았다.

마케팅 그룹에 참여했더니 두 가지 측면에서 변화가 생겼다. 먼저 주 연구 분야를 노동경제학에서 시장경제학으로 바꾸는 쪽으로 생각하게 되었다. 이어서 경제 및 마케팅 관련 의사결정의 질을 높이기 위해 수학적 분석이 굉장히 중요하다는 것을 확신하게 되었다. 이는 내 첫 책인 『마케팅 의사결정: 모델 구축 기법 Marketing Decision Making: A Model Building Approach』을 쓰는 계기가 되었다.

Chapter. 7

켈로그 경영대학원

어디에 미래를 투자할 것인가

나는 1960년 1년 동안 하버드 대학에서 고등수학을 연구한 덕에 내가 계획했던 책을 쓰게 되었다. 또한 포드재단의 프로젝트에 함께 참여한 도널드 제이콥Donald Jacob 교수 덕분에 조금씩 변화를 경험했다. 도널드와 나는 이 프로그램을 계기로 좋은 친구가 되었는데 이후 루스벨트 대학에 복귀하기 위해 시카고로 돌아오고 나서 도널드로부터 전화가 왔다. 노스웨스턴 대학의 경영대학원에서 강의를 하면 어떻겠느냐는 제의였다. (노스웨스턴 대학 경영대학원은 후에 존 켈로그John Kellogg의 1000만 달러 기부를 기념하는 의미로 켈로그 경영대학원으로 이름을 바꾸었다. 시리얼 회사 켈로그와는 관계가 없다.) 나는 도널

왼쪽부터 나, 도널드 제이콥 교수

드의 제안을 흔쾌히 수락했다. 낸시도 현명한 결정을 했다며 함께 기뻐했다.

나는 곧바로 노스웨스턴 경영대학원의 학장인 리처드 돈햄Richard Donham을 찾아가 그와 이런저런 이야기를 나누며 좋은 시간을 가졌다. 그러고 나서 얼마 지나지 않아 노스웨스턴에서 합격을 통보받았다. 나는 1961년 가을부터 노스웨스턴에서 학생들을 가르칠 수 있게 되었다. 도널드는 한 가지만 더 결정하면 된다는 말을 덧붙였다. 말하자면 관리 경제학과 마케팅, 둘 중 하나를 선택해야 하는 문제가 남았다. 내가 마케팅을 정식으로 배운 적이 없다는 사실을 도널드는 잘 알고 있었다. 그럼에도 그는 마케팅이 내게 더 유리하다고 말해주었다! 마케팅을 배운 적이 없었기에 분야를 마케팅으로 정하면 새로이 탐구하는 자세가 필요했다. 도널드는 경제학이 충분히 정립된 학문이니 경제학보다는 마케팅의 원천이론을 확대하는 편이 훨씬 더 좋은 기회가 될 것이라고 말했다. 또한 그는 마케팅이 미개척 분야이기 때문에 더욱이 제대로 교육받은 경제학자가 공략할 만하다고 말했다. 이에 노스웨스턴에서 마케팅 전공 교수들을 만나본 뒤에 결정을 내리겠다고 도널드에게 말해주었다.

노스웨스턴을 다시 찾은 나는 마케팅 전공 교수진 중 스튜어트 핸더슨 브릿Stuart Henderson Britt을 제일 처음으로 만났다. 매력으로 똘똘 뭉친 스튜어트는 심리학 이론과 광고에 관한 광범위한

마케팅에 내 삶을 투자하게 만든 노스웨스턴 대학 캠퍼스

저술을 펼치고 있었다. 미주리 주 풀턴 출신임에도 스튜어트는 미국인이라기보다 영국인에 더 가까워 보였다. 그가 광고의 기능을 비유한 말이 아직도 기억에 생생하다. "광고 없이 사업을 하는 것은 칠흑 같은 어둠 속에서 사랑하는 연인을 향해 윙크하는 것과 같다. 우리는 우리가 하는 일을 알지만, 다른 사람은 모른다." 그의 말을 떠올리면 고개가 절로 끄덕여진다. 스튜어트는 짓궂은 장난꾼이기도 했다. 지금도 기억나는 것이 그는 롤스로이스 조수석에 실제 사람 크기의 조각상을 앉혀놓고는 잠시 자리를 비울 때마다 차를 지키게 하곤 했다. 또한 집에서 파티를 열면 사람들이 문을 들어설 때마다 버저를 눌러대기도 했다. 사람들이 놀라는 것이 재미있다는 이유만으로 벌인 일이었다. 다음에는 그의 집에서 무슨 일이 벌어질지 좀처럼 종잡을 수 없었다.

그 이후에 하퍼 보이드Harper Boyd, 랄프 웨스트필드Ralph Westfield, 리처드 클레웨트Richard Clewett도 만났다. 세 사람은 모두 마케팅 분야에서 학문적으로 높은 평판을 얻고 있었다. 세 사람은 다양한 기업에 자문을 한 경험을 토대로 마케팅 전략 및 마케팅 연구에 대한 하버드 식의 사례연구를 활발히 저술했다. 더욱 흥미로웠던 것은 그들이 하나같이 해외를 여행하며 이집트, 터키, 헝가리 등 다양한 국가의 마케팅 실정에 대한 흥미로운 연구결과를 내놓았다는 점이다. 그들을 보니 세계 각지의 마케팅 실정을 연구하고 싶은 의욕이 샘솟았다. 곧이어 나보다 1년 일찍 학부에 합류한 시드니 레비Sidney Levy 교수도 소개받았다. 시

나와 제럴드 잘트먼 교수

드니 교수는 시카고 대학에서 사회과학을 공부했으며 SRI Social Research Inc.의 회원으로 활동하며 소비자 행동 consumer behavior에 관한 연구를 활발히 진행했다. 따뜻한 동료애로 나를 대하는 그의 모습에 깊은 감명을 받았다. 말할 필요도 없지만, 마케팅 학부의 선배 교수들을 만나다 보니 도널드 교수의 제안에 대한 답을 충분히 내리고도 남았다. 나는 경제학을 가르치기보다 마케팅 이론과 실무를 정립하는 데 내 미래를 투자하기로 마음먹었다.

지금도 내 결정에 한 치의 후회도 없다. 마케팅 전공 교수들 외에 사회과학이나 수리과학을 전공한 박사들이 합류하면서 우리 마케팅 학부는 크게 성장했다. 사회학을 전공한 제럴드 잘트먼 Gerald Zaltman은 개혁확산 이론 diffusion of innovation theory에 대한 깊은 이해를 가지고 후에 소비자 의사결정에 대한 메타포 metaphor의 기능을 연구했다. 오하이오 주립대학에서 우리 쪽으

켈로그 대학원 교수진
위에서 왼쪽부터 루이스 스턴, 브라이언 스턴탈, 앨리스 타이바웃, 모한 소니
아래에서 왼쪽부터 앤디 졸트너, 로버트 블랫버그, 제임스 앤더슨, 디팍 자인

로 합류한 루이스 스턴Louis Stern 교수는 마케팅 채널에 대한 이론적 실무적 통찰을 발휘하며 학생들에게 탁월한 강의를 펼쳤다. 앨리스 타이바웃Alice Tybout과 브라이언 스턴탈Brian Sternthal 교수는 우리 마케팅 학부에 몸담은 이래 소비자 행동과 광고 이론에 대한 깊이 있는 이해를 가져왔다. 와튼스쿨 출신인 모한 소니Mohan Sawhney 교수는 소셜 미디어 기술을 전문으로 다루며 다수의 기업들을 대상으로 뉴미디어new media에 대해 자문했다. 앤디 졸트너Andy Zoltners와 신하 프라바Sinha Prabha 교수는 영업 부서의 의사결정을 개선하는 일에 수학적 사고를 적용했다. 졸트너 교수의 경우, 영업 관리의 교과서라고 할 만한 책 세 권을 써 나갔다. 로버트 블랫버그Robert Blattberg 교수는 시카고 대학에서 이쪽으로 자리를 옮기고 나서 소매 의사결정 이론 및 고객생애가

젊은 시절 사진, 왼쪽부터 나, 존 하우저, 루이스 스턴, 앤디 졸트너

치 측정 모델을 개선시키는 데 한몫을 했다. 제임스 앤더슨James Anderson 교수는 B2B 마케팅에 대한 이해를 확대한 것은 물론 B2B 전공 교과서를 썼했다. 그가 발표한 5편 이상의 논문은 《하버드 비즈니스 리뷰Harvard Business Review》에서 호평을 얻었다. 존 셰리John Sherry와 로버트 쿠즈네츠Robert Kuznets 교수는 둘 다 인류학자로서 소비자 행동에 대한 민족지적ethnographic 연구를 흥미롭게 진행했다. 스탠리 스타쉬Stanley Stasch 교수는 고객정보 시스템의 이해를 증진시키기 위한 선구적인 작업을 수행했다. 나중에 합류한 디팍 자인Dipak Jain 교수는 신제품 개발을 이해하는 데 최신 수학 이론을 적용했으며, 강의도 뛰어나 학생평가에서 10점 만점에 10점을 획득했다. (이후에 우리 대학원의 학장이 되었다.)

그때까지만 해도 내 책 『마케팅 의사결정: 모델 구축 기법 Marketing Decision Making: A Model Building Approach』의 집필을 마무리해야 할지 고민하고 있었다. 내가 거시경제학자나 미시경제학

2013년 친목 모임에서
왼쪽부터 도널드 제이콥, 루이스 스턴, 맷 튜이트Matt Tuite,
스탠리 스타쉬, 나, 랄프 웨스트폴Ralph Westfall

자가 아니라 시장 경제학자로서 경제 이론을 정립하는 데 이 책이 분명히 기여를 할 것이라고 생각했다.

그게 아니라면, 프랜티스 홀Prentice Hall, 피어슨 그룹 산하 교과서 출판사의 걸출한 영업사원이었던 프랭크 에넨바크Frank Enenbach의 말마따나 다른 집필 작업에 들어가야 했을까?

Chapter. 8

처녀작

전설이 된 『마케팅 관리론』의 탄생

1963년 켈로그 경영대학원으로 자리를 옮기고 난 이후의 일이다. 어느 날인가 프렌티스 홀에서 프랭크 에넨바흐라는 영업사원이 찾아왔다. 프랭크는 영업의 귀재라고 할 만큼 영업 수완이 뛰어나기로 유명했다. 그는 내 첫 책을 출간하고 싶다며 내게 의향을 물어왔다. 이에 『마케팅 의사결정: 모델 구축 기법』의 초고를 그에게 보여주었다. 그랬더니 그는 이렇게 조언해주었다.

"마케팅에 독창적인 기여를 할 만한 책입니다. 하지만 이 책이 교수님의 첫 책이 되어서는 안 됩니다. 교수님은 먼저 혁신적인 마케팅 접근법에 대한 교재를 집필하셔야 합니다."

『마케팅 관리론: 분석, 계획, 통제』 초판, 1967년

확실히 내가 기존에 썼던 원고는 꽤 어려워서 일반 독자들을 대상으로 하기엔 무리가 있었다. 프랭크는 또 이렇게 말했다.

"훌륭한 책을 집필하신다면, 광범위한 독자층을 확보하고 높은 수입으로 보상받으실 겁니다."

그의 말은 일리가 있었다. 게다가 기존에 나와 있던 마케팅 교재들 중에 마음에 드는 게 하나도 없던 차였다.

기존의 마케팅 교재들은 대부분 마케팅 채널이라든가 영업 관리, 광고, 판촉활동 등에 관한 상세한 설명으로 구성되어 있었고 마케팅 의사결정 방법들을 분석적으로 제시한 책은 거의 찾아볼 수 없었다. 대부분이 연구결과와 방법론에 초점을 맞추고 있었다. 고객을 마케팅 영역의 중심으로 두고 설명한 사례도 전혀 없었다.

이런 실정을 고려해서 이후 2년 동안『마케팅 관리론: 분석, 계획, 통제』의 출간에 공을 들이며 시간을 보냈다. 이 책은 1967년에 출간되었다. 그로부터 29년이 지난 1996년 12월 9일 영국 신문 14면에서 20세기 50대 경영서적 중 하나로 소개했다. 1위에 선정된 애덤 스미스Adam Smith의 『국부론Wealth of Nations』과 어깨를 나란히 하게 된 것이다.

사회과학, 경제학, 조직행동학, 수학, 이 네 가지 기초 학문을 토대로 『마케팅 관리론: 분석, 계획, 통제』를 집필하기로 했다. 마케팅의 기본 원칙들을 설명하는 차원에서는 실증적 연구와 사례 연구를 대거 포함시켰다. 그리고 기업 조직이 생산 중심, 판매 중심, 마케팅(고객) 중심, 사회 중심 등 네 가지 지향점 중 하나를 선택할 수 있다고 설명했다. 또한 고객에게 초점을 맞추고 고객의 니즈와 사고방식, 그들의 취향과 선호를 이해해야 한다고 강조했다. 뿐만 아니라 제품이 어떻게 시민들의 행복에 영향을 미치는지 기업들이 관심을 가져야 한다고 말했다.

이 새 책이 소위 말하는 쪽박이 될지 대박이 될지 짐작도 못했다. 나중에 후자로 밝혀졌지만, 다른 무엇보다도 마케팅이 정당한 이론으로 인정받고 하나의 학문 분야로 인식되는 데 이 책이 한몫을 했기에 보람을 느꼈다. 프랭크의 예감은 적중했다. 이 책은 일등 교재로 전 세계 대학에 불티나게 팔려나갔다.

쿠폰 배포나 광고 게재, 특별 할인판매가 마케팅의 전부라고 생각해서는 안 된다. 4P를 바탕으로 적절한 마케팅 계획을 수립, 실행, 통제하는 것이 핵심이다.

케빈 켈러, 다트머스 대학 교수,
『마케팅 관리론: 분석, 계획, 통제』의 10판 이후 공동 저자

    새로운 개념과 이론, 실행 유형, 사례 등이 날이 갈수록 다양해지고 있는 것이 마케팅의 특성이다. 그래서 마케팅뿐 아니라 우리 사회의 급속한 변화에 발맞추기 위해 3년마다 『마케팅 관리론: 분석, 계획, 통제』의 신판을 출간하고 있다. 폴 새뮤얼슨의 그 유명한 경제학 교과서도 초판이 발행된 이후 무려 10판을 찍어내지 않았는가. 나는 『마케팅 관리론: 분석, 계획, 통제』의 10판을 완성한 후 브랜딩의 대가로 유명한 케빈 켈러Kevin Keller를 찾아가 이 책을 함께 써보자고 제안했다. 그 이후 이 책은 15판까지 나왔고 꾸준히 인기를 이어가고 있다.
    마침내 1970년에 『마케팅 의사결정』의 원고를 마무리하여 책으로 출간했다. 이 책은 세계 각국 유수 경영대학원에서 교재로 채택되었다.
    이후 대학원 마케팅 교육에 대한 수요 증가에 대응하기 위해

게리 암스트롱, 노스캐롤라이나 대학 교수, 내 제자이자
『Kotler의 마케팅 원리』의 공동 저자

『Kotler의 마케팅 원리Principles of Marketing』원고를 쓰기 시작했다. 이어서 대학과 기업, 일반 독자들의 요구에 맞추어 『마케팅 입문 Marketing: An Introduction』의 집필에 들어갔다. 이 책의 경우, 처음 몇 판의 원고로 완성한 후 내 제자인 노스캐롤라이나 대학의 게리 암스트롱Gary Armstrong 교수를 찾아가 함께 써보자는 의향을 전했다. 게리는 내 기대를 저버리지 않고 대단한 일을 해냈다.

그런데 나에게는 이 두 가지 저술 작업과 함께 하고자 하는 일이 있었다. 새로운 사상에 접근하여 마케팅의 개념을 확장하는 것이었다.

Part. 2
마케팅의 진화

PHILIP KOTLER
MY ADVENTURE IN MARKETING

Chapter. 9

마케팅의 기원과 진화

최초의 마케터는 누구였을까

사람을 설득해 목적대로 움직이게 한다는 개념은 성서의 창세기 편에서 아담과 이브가 간사한 뱀의 유혹에 빠진 이야기로 거슬러 올라간다. 이 이야기에서 뱀은 선악과를 먹어도 죽지 않으니 아담에게 선악과를 먹게 하라고 이브를 유혹한다.

설득의 기술은 오랜 역사를 가지고 있다. 고대 그리스 시대에 데모스테네스와 페리클레스 같은 위대한 웅변가들은 뛰어난 언변으로 아테네의 정책과 전략에 영향을 미쳤다. 아리스토텔레스는 수사학과 논리학이 설득을 위한 연설에 적용되는 것에 대한 탁월한 이론을 제시했다. 당대의 웅변가와 저술가들을 비롯해 타

최초의 마케터는 누구였을까? 성서 속 뱀은 아닐까?

인을 설득해야 하는 사람들이 아리스토텔레스의 이론에 많은 영향을 받았다.

고대 아테네에서는 '아고라agora', 즉 사람들이 모이는 광장에서 물물교환과 상업, 사교 등의 활동이 벌어졌으며 중세 시대에 들어와서는 마을마다 열리는 장날에 각 공동체의 주요 행사가 진행되었다.

사실 상업 활동의 역사는 매우 오래되었지만 흔히 사용되던 '시장market'이라는 단어와 달리 '마케팅marketing'이라는 용어 자체는 1905~1910년 정도까지 전문서적에서 찾아볼 수 없었다. 이에 불만을 가진 일부 제도권 경제학자들이 공급과 수요, 가격이 재화의 판매와 구매를 결정하는 유일한 요인이 아니라는 점을

그리스 아테네에 남아 있는 고대 아고라의 모습

확인했다. 그들은 수요가 가격 이외의 요인, 특히 광고, 판매 인력, 판촉활동 등에 의해 영향을 받는다고 지적했다. 그들에 따르면 많은 기업과 기관들이 도매, 유통, 소매, 중매, 대리, 광고, 시장조사, 홍보 등 다양한 활동에 참여하고 있었다. 이런 실정에서 1900년대 초 최초의 마케팅 교재들이 등장했다. 경제학자들이 실제 시장이 돌아가는 현실을 보여주겠다는 취지로 저술한 것들이었다.

 기업들은 대개 영업 부서를 통해 '판매' 활동을 벌였다. 때때로 판매의 효과성을 증진하기 위해 시장조사 담당자를 고용하거나 잠재고객을 발굴하는가 하면 광고나 홍보용 책자를 제작하기도 했다. 이런 역량을 가진 사람들은 흔히 대규모 영업 부서에 소속

| 소비자 수요조사 진행 | 잠재고객 발굴 | 안내책자 등의 홍보자료 준비 |

기업들은 언제 마케팅 부서를 두기 시작하는가?

되었다.

이후 대형 소비재 기업에서 다양한 브랜드를 관리하고 브랜드 매니저brand manager를 임명하면서 마케팅 부서 설치에 관한 개념이 도입되었다. 또한 브랜드 매니저는 시장조사 담당자marketing researcher, 마켓 세그먼트 매니저market segment managers, 광고대행사advertising agencies와 접촉해야 했다. 이렇게 하여 마케팅 부서가 성장했다.

마케팅 부서가 영업 부서와 분리되었다는 점에 주목해야 한다. 시장조사 및 판촉지원을 확대하여 판매 인력의 매출증진을 돕는 것이 마케팅 부서의 임무라고 할 수 있다. 결국 마케팅 부서는 마케팅 계획을 수립하여 4P(제품, 가격, 유통, 홍보)에 대한 결정을 내리는 역할을 한다. 마케팅 계획과 관련해서는 매출과 비용, 수익 예상치를 보여주는 방향으로 4P를 설정해야 했다.

그래서 간혹 소규모 마케팅 부서와 대규모 영업 부서 사이에 충돌이 일어나기도 했다. 마케팅 계획을 세울 때 제품의 특징과

가격을 설정하고 영업 사원들에게 영업 할당량을 정해주는데 영업 사원들이 마케팅 부서에서 가격을 너무 높게 설정했다거나 영업 할당량이 비현실적으로 높다고 불만을 제기하는 경우가 많았다. 더 나아가 광고가 그다지 효과적이지 않다거나 안내책자가 지루하다거나 마케팅 조사에 싫증이 난다고 불만을 제기하기도 했다. 이와 같은 두 부서의 불협화음을 조속히 해결해야 했는데 이를 위한 첫 번째 요건은 마케팅 책임자와 영업 책임자 사이의 협력이었고 두 번째 요건은 수용 가능한 목표와 임무를 정하기 위해 영업 부서가 마케팅 계획 수립에 참여하는 것이었다.

마케팅은 대형 소비재 기업에 최초로 뿌리를 내렸지만, 곧 B2B 기업(산업장비 및 원자재 등)에서 서비스 기업(항공 및 호텔 등)으로, 결국에는 박물관, 공연예술 집단, 사회서비스 기관 등의 비영리 조직으로 퍼져나갔다. 이런 유형의 조직들은 각자의 다양한 니즈를 충족하기 위해 마케팅 부서를 설치했다.

전반적인 마케팅 프로세스는 다음과 같이 묘사할 수 있다.

$$R \rightarrow STP \rightarrow 4P \rightarrow I \rightarrow C$$

마케팅은 R, 즉 시장에 대한 조사(Research)에서 시작된다. 그리고 시장조사는 STP 분석으로 이어진다. STP를 자세히 설명하자면, S(Segmentation)는 시장세분화로 전체 고객을 비슷한 특성을 가진 고객들끼리 묶어 여러 집단으로 나누는 과정이다. T(Targeting)

는 타깃팅으로 마케팅 조직이 초점을 맞출 잠재고객을 선정하는 일이다. P(Positioning)는 포지셔닝으로 확실한 혜택을 제공하고 있다는 분명한 메시지를 목표 시장에 전달하는 것이다. STP 분석 이후 기업은 세분된 시장별 4P 계획을 수립한다. 그다음, 계획을 실행하고(I: Implement), 피드백을 수집하여(C: Control) 4P를 개선하고, 다음번 목표 시장의 니즈를 충족시킨다.

Chapter. 10

마케팅의 확장

세상을 좋게 만드는 방법

내 직업의 매력 중 하나를 이야기하자면, 다양한 학문 분야에 종사하는 뛰어난 학자들을 만날 수 있다는 점이다. 앞에서 소개한 시드니 레비 교수도 그런 분들 중 한 사람이다. 레비 교수는 미국 마케팅 학계의 대부로 통한다. 그는 1956년 시카고 대학에서 박사학위를 받았으며, 이후 사회 조사 기관에서 일하다가 노스웨스턴 대학 켈로그 대학원에서 교편을 잡았다. 우리가 끈끈한 친구 사이가 되기까지는 얼마 걸리지 않았다. 그는 인간 행동을 매우 통찰력 있게 관찰했다. 우리는 곧 비즈니스 세계의 외부에 마케팅을 적용할 가능성을 논의하기 시작했다. 1960년대 당시의 마

마케팅 추진계획

케팅 학자들은 대부분 자동차, 가전기기, 장난감, 주택, 의류 등 구체적 시장에 대한 전문 지식을 쌓고 있었다.

우리는 장소(도시, 지역, 국가 등), 사람(이를테면 명사 배출), 아이디어(예를 들어 성 평등), 신념(몸에 좋은 음식 섭취, 운동 등에 관한 믿음)에 마케팅을 적용할 수 있다는 생각을 끝까지 밀고 나갔다. 그 일환으로 1969년 우리의 생각을 「마케팅 개념의 확장Broadening the Concept of Marketing」이라는 제목의 논문으로 발표했다. 그러나 학계에서 알아주는 몇몇 학자들이 반대 입장을 밝혔다. 마케팅 영역을 확장하면 혼란이 일어나고 마케팅의 정의가 훼손된다고 그들은 주장했다.

우리는 마케팅 영역의 확대가 이 분야에 새로운 바람을 불어넣을 것이라고 확신했기에 마케팅 교수들을 대상으로 표결에 붙이기로 했다. 투표가 실시되었고, 다행히 대다수가 우리의 생각을 지지했다. 시드니와 나는 함께 기뻐하며 축배를 들었다.

그다음에 '마케팅의 확대가 새로운 통찰을 가져올지, 4P 프레임워크가 다른 영역에도 적용될지'라는 문제가 남았다. 한편으로 우리는 새로운 개념과 이론이 생겨나 다시 상업 마케팅에 적용되기를 희망했다. 또한 나는 마케팅에 대한 다양한 문제들이 더욱 분명해질 것으로 기대했다.

무엇보다도 나는 마케팅에 문외한이었던 다양한 학계의 사람들이 마케팅을 배우고자 하는 욕구를 가지기를 바랐다. 예컨대 관람권 판매와 기부금 모금이 일의 전부라고 생각했던 미술 박물관 관리자들이 관점을 확대하길 바랐다. 좋은 '상품'을 내놓고 관람객들의 만족도를 높여주는 것을 그들이 하는 일의 본질이라고 인식한다면, 더할 나위 없이 기쁠 터였다.

이에 몇 년의 시간을 두고 마케팅을 적용할 수 있는 새로운 '시장들'을 연구하기로 결정했다. 그때부터 내 동생 네일 코틀러와 함께 연구에 들어가『뮤지엄 전략과 마케팅: 사명 설계, 관객 개발, 수입 및 자원 창출』을 쓰기에 이르렀다. 이 책은 박물관 관련 분야의 고전으로 자리매김했다. 또한 내 제자인 조앤 셰프 번스타인Joanne Sheff Bernstein과 공연예술 마케팅 전략서인『전석 매진: 필립 코틀러의 공연예술 마케팅 전략Standing Room Only: Strategies for Marketing the Performing Arts』을 함께 썼다. 이 두 전략서에서는 내가 문화 마케팅Cultural Marketing이라고 부르는 영역을 다루고 있다. 어빙 레인Irving Rein, 도널드 헤이더Donald

Haider와도 함께 연구를 진행했으며 『장소 마케팅: 도시와 주, 국가에 투자, 산업, 관광을 끌어오는 법Marketing Places: Attracting Investment, Industry and Tourism to Cities, States and Nations』을 같이 썼다. 어빙 레인과는 연구를 더 진행하여 명성을 쌓고 이름값을 올리기 위한 전략서 『퍼스널 마케팅: 탁월한 존재는 어떻게 만들어지는가?High Visibility: The Making and Marketing of Professionals into Celebrities』를 함께 썼다. 나는 이 모든 분야에 마케팅의 개념을 적용하여 혜택을 창출할 수 있다고 확신했다.

또한 종교와 관련해서 마케팅의 개념을 적용하는 것이 비판을 야기할 수 있다는 것을 잘 알고 있었지만 내 제자인 브루스 렌Bruce Wrenn, 그리고 다른 두 사람과 함께 『집회 마케팅: 사람들을 더욱 효과적으로 섬기기Marketing for Congregations: Choosing to Serve People More Effectively』를 함께 썼다. (이 책은 후판부터 『영향력 있는 교회 만들기Building Strong Congregation』라는 제목으로 출간되었다.) 이 책에서는 종교 조직이 신도들을 끌어들이고 유지 및 성장할 수 있는 방법을 보여주었다. 우리는 신도들의 니즈를 파악하고 신앙심과 종교적 활동으로 그것을 충족시켜줘야 한다고 설명했다. 마케팅 STP 전략(시장세분화, 타깃팅, 포지셔닝)을 적용한 후 4P를 종교 조직에 맞게 설정했는데, 매우 효과가 있었다.

마케팅을 새로운 분야에 적용, 확대해나가는 과정은 도전이자 모험으로 가득한 여정이었다. 이 여정이 끝나고 나서는 사회 문제에 대한 마케팅 적용 가능성을 고찰하기 시작했다.

Chapter. 11

사회

국가적 대안이 된 마케팅

갈수록 다양해지는 상품과 서비스를 제공하는 차원을 넘어 소비자들의 삶을 개선하는 데 마케팅이 중요한 영역을 차지할 수 있을까? 오늘날 우리는 빈곤, 기아, 질병, 환경오염 등 수많은 문제에 직면해 있다. 이런 상황에서 마케팅의 툴과 원칙을 가지고 문제의 영역들을 줄일 수 있을까?

앞서 소개한 제럴드 잘트먼과 나는 1971년 젊은 교수 시절 노스웨스턴 켈로그 대학원에서 인간에게 닥친 문제들을 고찰했다. 이와 관련하여 G.D. 위브G.D. Wiebe 교수가 오래전에 다음과 같은 흥미로운 물음을 제기했다. "인류애도 비누처럼 팔 수 있을까?"[《계간여론Public Opinion Quarterly》(1951년 겨울호, 679~691쪽) 「TV를 이용한 물품과 시민권의 상품화Merchandising Commodities and Citizenship on Television」] 인류애, 평화, 규칙적인 운동, 몸에 좋은 음식 섭취, 마약 퇴치 등 발상을 판매하는 일에 마케팅을 이용할 수 있을까? 이에 관해 고민할수록 우리가 소위 '사회 마케팅'이라고 부르는 영역 또한 개발 가능하다는 생각이 들었다. 우리는 흥분을 감추지 못했다.

마케팅은 흔히 상업적 주제로 여겨진다. 나는 오래전 쓴 글에서 '사회지향 마케팅societal marketing'을 넌지시 언급한 적이 있다. 마케터라면 자신의 활동이 사회복지에 미치는 영향을 고려해야 한다는 의미였다. 소비자들이 지출을 늘리도록 권했던 결과, 우리의 가용자원, 공기와 물의 질에 어떤 변화가 일어났을까? 우리는 '경제적 성장'에 어떠한 제한을 두어야 했을까?

잘트먼과 나는 한층 광범위한 물음을 고찰했다. 마케팅을 활용하여 사람들이 자기 자신, 자신들의 가족과 지인, 사회 전체에 유익한 행동을 선택하도록 도울 수 있을까? 우리는 이와 같은 마케팅 행동을 '사회적 대의 마케팅social cause marketing', 이를 줄여서 '사회 마케팅social marketing'이라고 부르기로 했다. 오늘날 일부 마케팅 실행자들이 '소셜 미디어 마케팅social media marketing'을 줄여서 '사회 마케팅'이라고 부르기도 한다. 이 두 용어가 혼동이 될지 당시에는 알지 못했다.

우리는 《마케팅 저널Journal of Marketing》(1971년 6월, 제 32권 3호, 3~12쪽)에 우리의 생각을 담아 「사회 마케팅: 계획된 변화를 위한

에두아르도 로베르토

접근Social Marketing: An Approach to Planned Social Change」이라는 제목의 논문을 발표했다. 이 논문은 뜨거운 관심을 받았다. 덕분에 우리도 1971년 《마케팅 저널》 최고의 논문에 수여되는 '알파 카파 프사이 재단 상Alpha Kappa Psi Foundation Award'을 수상했다.

그러나 그것만으로 성에 차지 않았다. 사회 마케팅에 대해 더 많은 이야기를 하고 싶었다. 이에 내 밑에서 박사과정 중에 있었던 에두아르도 로베르토Eduardo Roberto에게 『삶의 질을 개선하는 사회 마케팅Social Marketing: Improving the Quality of Life』(2002년)을 같이 써보자고 제안했다. 로베르토는 필리핀 출신의 매우 영민한 학생이었고, 나는 그와 함께 작업을 하고 싶었다. 사회 마케팅 이론은 다른 무엇보다 인구과잉이라든가 신중한 출산계획을 독려하는 문제에 먼저 적용되었다. 또한 '산아제한'이라는 용어는 '가족계획'으로 바뀌었다. 당시 우리는 인도 정부가 농촌 주민들을 대상으로 산아제한 정책을 펴던 모습을 목격했다. 과거 인도에서는 남아선호 사상이 팽배해서 여성 한 명이 평균 여섯 명의 자녀를 두었다. 또한 많은 여아들이 태어나자마자 살해되기도 했다. 이에 인도 정부는 밤에 마을에서 영화를 상영하여 할 일 없는 부부들이 관계를 맺는 일이 없도록 하거나 주민들에게 콘돔을 나눠주기도 했다. 또한 콘돔을 사용하지 않아도 되도록 남성들에게 불임수술을 권하는 등 많은 대책을 시행했다.

  다른 국가들도 여러 해법을 마련했다. 태국의 메차이 비라바이드야Mechai Viravaidya는 기발한 방법으로 콘돔 사용을 권장했다. 예컨대 아이들이 콘돔을 고무풍선처럼 가지고 놀게 하고, 식당에서 손님들에게 콘돔을 나눠주기도 했다. 그리고 에이즈 예방과 안전한 성관계를 위해 공항, 호텔 객실, 택시 등에 온통 콘돔이 가득하게 하여 태국을 콘돔 천국으로 만들었다. 메차이는 이쯤에서 그치지 않았다. '콘돔 왕'이라는 별명을 얻은 그는 맥도날드 매장에서 콘돔을 나눠주게 했는가 하면 요금 징수소, 은행, 호텔에서 콘돔을 구할 수 있게 했다. 심지어 승려들이 성수로 축복할 때 함께 피임법을 알려주게 하여 사찰을 찾는 사람들이 콘돔의 안전성을 깨달을 수 있게 했다. 그 결과 태국의 출산율은 몇 년 만에 뚝 떨어졌다.

  사회 마케팅 이론이 적용된 두 번째 큰 이슈는 흡연이었다. 흡연이 폐암과 심장질환을 일으켜 수명을 단축시킨다는 것은 분명히 증명된 사실이다. 이런 이유로 미국 공중보건국이 금연 공공캠페인을 벌였고, 많은 보건기관들이 캠페인에 동참했다. 이와

대표적인 사회 마케팅의 하나인 금연 캠페인

함께 다양한 흡연집단을 대상으로 그들이 흡연을 삼가거나 담배를 끊도록 다양한 캠페인이 마련되었다. 흡연율을 대폭 낮추는 데 사회 마케팅이 상당히 기여했다고 우리는 확신한다.

그다음으로 에이즈 확산이라는 심각한 문제에 사회 마케팅이 적용되었다. 우선 남자 동성애자들에게 에이즈의 심각성을 알려 에이즈 검사를 받게 하고 낯선 상대와 난잡한 성행위를 못하도록 해야 했다. 1986년 미국 공중보건국장 C. 에버리트 쿠프 C. Everett Koop는 미국의 전체 가정에 자료를 보내 에이즈의 위험성을 널리 알렸다. 이와 같은 광고와 선전은 젊은이들에게도 통했다. 젊은 층에서도 에이즈 검사를 받고 성행위에 신중을 기하는 사람들이 늘어났다.

낸시 리와 함께

　그즈음 낸시 R. 리Nancy R. Lee를 만나게 된 것은 행운이었다. 낸시는 시애틀에 근거지를 두고 사회마케팅서비스Social Marketing Services, Inc의 사장으로서 삶의 질을 높이는 캠페인 전략을 두고 컨설팅을 하고 있었다. 나는 로베르토와 함께 쓴 『삶의 질을 개선하는 사회 마케팅』의 2판 집필에 참여해주길 낸시에게 부탁했다. 그녀의 기민한 정신과 풍부한 사회 마케팅 경험은 새로운 활력을 몰고 왔다. 현재 4판까지 나온 이 책은 사회 마케팅의 교과서라고 할 정도로 널리 읽히고 있다.
　우리는 우리처럼 사회 마케팅을 연구하는 사람들이 더 있다는 사실을 깨닫기 시작했다. 빌 노벨리Bill Novelli도 그들 중 한 사람이었다. 빌은 일찍이 사회공익 캠페인을 전문으로 한 광고 대행사 포터노벨리Porter Novelli의 공동 창업자이자 사장으로 활동하다가 이후 AARP(미국 은퇴자 협회)의 사장을 역임했다. 빌 스미스Bill

Smith와 크레이그 레페브르Craig Lefebvre도 사회 마케팅 캠페인을 벌이고 있었다.

우리가 내놓은 책들 때문일까. 많은 학자들이 사회 마케팅 분야에 입문하여 연구를 시작했다. 조지타운 대학의 앨런 안드레아센Alan Andreasen 교수 등의 사람들이 CDC(질병관리센터), 세계은행, UN 등의 기관들과 함께 사회 마케팅 회의를 마련했다. 이런 흐름에서 '사회 마케팅'이라는 용어도 유행하기 시작했다. 앨런 교수는 또한 마케터들이 서로 질문하고 경험을 나눌 수 있도록 인터네 애플리케이션을 도입했다. 그의 책 『사회 마케팅, 사회를 변화시키다Marketing Social Change』에서는 마케터들이 '하류'의 사회 마케팅 상황뿐만 아니라 '중류'와 '상류(가족 및 동등한 사람들과 함께)'의 사회 마케팅 상황을 연구해야 사회적 행동에 깊은 영향을 미치는 기관과 조직들을 변화시킬 수 있다고 주장했다. 예컨대, 날로 심각해지는 비만 문제를 해결하기 위해 마케터들은 몸에 좋은 음식을 먹으라고 사람들을 설득만 할 게 아니라 음식과 음료에 들어가는 설탕과 소금, 지방을 줄이도록 식품 회사와 식당 등의 집단을 설득해야 한다. 또한 여기서 더 나아가 양질의 식단을 제공하도록 학교 시스템을 개선하도록 설득해야 한다.

한편, 영국 스털링 대학의 제럴드 헤스팅스 교수Gerald Hastings 등 다른 마케터들도 활발한 활동을 벌였다. 제럴드 교수는 특히 흡연에 관한 중대한 연구를 수행한 바 있으며, 또한 최고의 사회 마케팅 교육 프로그램을 운영하고 있다. 브라이튼 대학 경영대학원의 제프 프렌치Jeff French 교수는 영국의 공중보건체계를 연구 대상으로 하여 공중보건 종사자들에게 사회 마케팅을 교육했다. 템파에 있는 사우스플로리다 대학 캐롤 브라이언트Carol Bryant 교수는 매년 플로리다 주 클리어워터에서 사회 마케팅 콘퍼런스를 주최했다. 최근에 만났을 때 캐롤은 매년 참가자들에게 사회 마케팅 관련 '필립 코틀러 상'을 수여하면 어떨지 내게 물어왔다. 이에 그녀에게 찬성의 뜻을 전했다. 지금까지 빌 스미스, 캐롤 브라이언트, 낸시 리가 수상의 영예를 얻었다.

2009년에는 영국 브라이튼에서 세계 사회 마케팅 콘퍼런스 World Social Marketing Conference가 최초로 열렸다. 700명이 넘는 마케터들이 이 행사에 참여했다. 그때부터 다양한 국제회의가 열렸고 국제 사회 마케팅 협회International Social Marketing Association 같은 단체가 생겨났다. 공인된 출판물이 나오고 세계 각지에서 사회 마케팅 단체들이 생겨나면서 사회 마케팅은 하나의 전문 분야로 자리를 잡았다. 내 추측으로는 2000명이 넘는 사회 마케터들이 활동을 하고 있는 것 같다.

나는 마케팅을 통한 사회적 복지 향상이라는 주제를 두고 낸시 리와 함께 글 쓰는 작업을 계속해나갔다.

이제는 세계 곳곳에 사회 마케팅이 활성화되어서 참 뿌듯하다. 사회 마케팅 운동이 계속 성장하고 사회 문제를 개선하기 위한 이론과 실제가 풍부해지길 고대한다.

얼마 전 사우디아라비아의 항구도시 제다에서 강연을 한 일이 있었다. 거기서 한 유명한 가문의 집에 초대를 받았다. 저녁 식사를 하며 대화를 나누는 중에 그 집 형제들 중 한 사람이 의미 있는 이야기를 던졌다. 그는 전 세계의 가장 시급한 문제 중 하나에 사회 마케팅을 적용하면 좋겠다고 말했다. 이전까지 내가 연구하지 않은 영역이 분명했다. "그게 뭡니까?" 나는 그에게 물었다. 그러자 그가 대답했다. "코틀러 교수님, 효과적인 평화 홍보법을 찾을 수 있겠습니까?"

Chapter. 12

비판과 칭찬

좋은 마케팅이란?

마케팅은 세상 구석구석 배어 있는 인간 행동이다. 세상 모든 것이 마케팅이라고 할 수 있다. 모든 기업, 무수한 개개인들이 마케팅을 실행하고 있는데, 그럼에도 또한 마케팅이 끝없는 비판을 부르고 있는 것도 사실이다. 영화감독 겸 시나리오 작가인 우디 알렌이 다음과 같은 명언을 남긴 것도 다 이유가 있다. "인생에서 죽음보다 더한 것이 있어요. 보험설계사와 저녁 내내 함께 있어 본 적이 있습니까?" 마케팅은 왜 그토록 많은 사람들을 성가시게 하는 걸까?

- **마케팅에 대한 비판**

첫째, 오늘날 셀 수 없이 많은 브랜드들이 우리의 삶에 끼어들어 주머니에서 돈을 빼앗아가려 든다. 그러나 우리는 보통 그에 관심이 전혀 없을뿐더러 그런 것들은 삶의 행복과 아무런 관계가 없다. 추측하건데, 우리는 하루 5000편 정도의 광고에 노출되지만 그 대부분을 의식하지 않는다. 그런 것들은 우리가 사용하는 페이스북, 트위터, 유튜브, 구글 등으로 우리들의 개인정보를 수집하고 우리에 관해 속속들이 파헤친다. 그러면서 적당한 시간과 장소에 적당한 메시지를 보내 우리에게 구매를 유도한다. 이에 우리는 사생활을 침해당했다고 분개하기도 하고, 가끔은 광고 없는 세상에 살고 싶다고 생각하기도 한다.

둘째, 과장된 메시지나 속임수가 빗발친다. 화장품 브랜드 레블론Revlon의 설립자인 찰스 레브슨Charles Revson이 이런 실태를 잘 표현했다. "우리는 공장에서 제품을 만들고, 매장에서 희망을 판다." 이 말에는 이런 의미가 숨어 있을 것이다. "이 컨버터블 자동차를 사세요. 당신 주위에 여자들이 바글바글 거릴 거예요." 이런 식의 광고를 가지고 제약회사는 만병통치약을 소개하고, 신발 회사는 신발 하나로 인생을 미끄러지듯 나아갈 수 있다고 선전한다. 이와 관련하여 문화 비평가 밴스 패커드Vance Packard는 자신의 책 『숨은 설득자들The Hidden Persuaders』과 『지위 추구자들The Status Seekers』에 필요하지 않거나 원하지 않는 물건을 사게 만드는 마케팅 실태 사례들을 가득 담았다. 소비자 보호 운동의 기수 랄프 네이더Ralph Nader는 『어떤 속도도 안전하지 않다 Unsafe at Any Speed』라는 책으로 수많은 고속 자동차의 설계상 결함을 지적하여 자동차 업계의 신뢰에 타격을 입혔다.

셋째, 마케팅에서는 높은 소비로 인한 숨겨진 비용과 환경 훼손을 도외시하는 것 같다. 과거의 기업들은 생산 활동으로 대기오염과 수질오염을 일으켜도 그에 대한 비용을 부과당하지 않았다. '생태학 시대의 어머니'라고 일컬어지는 레이첼 카슨Rachel Carson은 『침묵의 봄Silent Spring』에서 오래전 우리에게 경고하지 않았던가. 그녀의 말처럼 오늘날 천연자원의 무분별한 사용과 폐기, 생산 활동에 대한 미비한 규제로 인해 우리의 강과 하천이 썩어가고 있다. 여기에 더해 기업들은 끊임없이 제품의 기능을 늘리면서 구제품을 쓸모없게 만들어 폐기물 더미에 쌓이게 한다. (이를 '계획적 진부화planned obsolescence'라고 한다.) 세계의 소비수준은 날이 갈수록 높아지면서 환경을 파괴하고 있다. 그로 인해 지구는 훗날 사람이 살 수 없는 행성이 될지도 모른다.

넷째, 전 세계 50억 명의 저소득층(현재 전 세계 인구 70억 명 중 50억 명)이 보다 저렴한 제품을 필요로 하지만, 마케터들은 이런 부분에 별로 신경을 쓰지 않는다. 사실 빈곤층은 최하 싸구려 샴푸를 살 여유도 없다. 유니레버Unilever가 샴푸를 작은 용기(또는 봉지)에 소량씩 담아 팔기 시작했을 때도 사정은 다르지 않았다. 그때도 샴푸 30밀리리터당 가격은 일반 용기에 들어간 양의 가격보다 높았다. 요점은 이렇다. 마케터들은 주로 노동자 계층의 주머니

쓰레기로 오염된 해변

를 털지만, 중산층이든 부유층이든 돈이 되는 곳을 가리지 않는다. 전 세계 70억 인구 중 중산층과 부유층을 합한 인구는 20억 정도 된다.

다섯째, 마케팅의 역할은 소비를 늘리는 것이다. 보통은 소비자들의 갈망을 부풀림으로써 소비를 유도한다. 또한 마케터들은 인간의 욕망에는 한계가 없고 모든 것이 갈망의 대상으로서 만들어지고 팔릴 수 있다는 전제에 따라 움직인다. 결과적으로 소비자들은 감당할 수 있는 수준 이상으로 지출을 하게 된다. 대개는 신용카드를 무분별하게 사용하면서 과소비를 하게 된다. 예컨대 미국인들은 평균 1만 5000달러(약 1500만원)의 신용카드 빚을 지고

광고 가득한 뉴욕 타임스퀘어

있다. 엎친 데 덮친 격으로, 신용카드의 이자율은 보통 연간 15퍼센트에 이른다. 미국은 소비자들에게 건전한 소비 윤리를 심어줘야 할 역할을 제대로 하지 못했다. 다른 여러 국가들, 특히 유럽과 아시아 사회는 지출 대비 저축의 비율이 미국보다 훨씬 더 높다. 초창기 미국에서는 깊은 빚더미에 빠져드는 일 자체가 개인의 감점요인이자 심지어 죄처럼 여겨졌다. 그러나 지금은 사정이 달라졌다. 지금은 '지금 사고 나중에 지불하자'라는 모토가 유행하고 있다.

여섯째, 마케터들은 광고와 브랜딩을 대량 노출하는 방법으로 제품 차별화를 위해 애쓴다. 대다수 제품의 상품적 본질을 숨기는 것이 그들의 일이다. 그래서 커피든 아스피린이든 거의 모든 브랜드 간에 큰 차이가 없음에도 광고와 브랜딩에 따라 제품의 가격이 10~20퍼센트나 상승하기도 한다. 그렇다고 해서 특정 상표의 점유율이 바뀌는 만큼 제품의 범주가 늘어나지도 않는다. 이에 칼럼니스트 나오미 클라인Naomi Klein은 그녀의 책『슈퍼 브랜드의 불편한 진실No Logo』에서 소비자들을 현혹하는 거대 기업들의 마케팅과 차별화 전략을 통렬히 비판했다.

마지막으로 마케터들은 소비의 적합성을 따져보지 않고 소비자들이 원하는 것이라면 무엇이든 판매할 준비가 되어 있다. 예컨대 오랫동안 담배를 팔아온 마케터들은 담배의 유해성을 묵살하거나 부인해왔다. 오늘날에 이르기까지 법으로도 미성년자에 대한 담배 판매를 막지 못했다. 마케터들은 미성년자들이 일찌감치 담배에 중독되어 평생 담배를 구매하길 바랄 것이다. 그러면서도 상습 음주자들에게 술을 판매하거나 정신장애가 있는 사람들에게 총을 판매하는 것에 대해 문제를 제기하지 않는다. 마케터들은 흡연과 음주를 미화하거나 총기 판매를 늘리기 위해 사람들의 공포 심리를 이용하는 등 어떻게든 고객의 혼에 호소하려고 든다.

마케팅에 대한 비판은 이제 그만해야겠다. 마케터들이라고 해서 다 간교한 사기꾼은 아니라는 점을 강조하고 싶다. 대부분의 기업, 대부분의 마케터들은 높은 수준의 도덕성과 투명성을 갖추고 제품과 서비스를 판매한다. 소비자들을 기만하고 속여 봤자 자신들의 평판이 떨어지고 소비자들을 잃게 된다는 것을 그들은 잘 알고 있다.

• **마케팅의 기여**

이제 마케팅의 다른 측면, 다시 말해 마케팅의 기여에 대해 말해보겠다. 두 가지 주요한 측면에서 마케팅이 우리 사회에 기여한 점을 짚어보겠다. 첫째, 마케팅으로 인해 우리 삶의 기준이 높아지고 중산층이 형성되었다. 서로 경쟁관계에 있는 마케터들은 더 나은 제품과 서비스를 사용하고 더 편안하고 만족스러운 삶을 살아야 한다고 소비자들에게 깨우쳐주었다.

둘째, 마케팅은 일자리 창출에 큰 도움이 되었다. 마케팅이 소비자들의 지갑을 열지 못한다면, 일자리도 별로 창출되지 않고 경제도 그 역동성을 잃을 것이다. 소비에트 연방이 해체될 무렵 유행했던 농담이 실상을 잘 보여준다. "우리는 일하는 척을 하고, 그들을 우리에게 지불하는 척을 한다."

Chapter. 13

장소

도시를 살리는 마케팅

마케팅 전문가인 내게 기업들만 강연을 부탁해오는 건 아니다. 도시 사업을 펼치는 사람들도 내게 자주 강연을 제안한다. 그들의 도시에 거주민뿐 아니라 관광객이 늘어나고 유능한 사람들과 거액의 순자산을 가진 이들이 몰려들길 바라는 마음 때문일 것이다. 혹은 기업의 본사나 지사, 공장이 들어서길 바랄지도 모른다. 그러면 특정한 장소의 유명세를 높이기 위한 참신한 브랜딩 캠페인이 필요할 것이다.

도시에 따라 독특한 특성이 있어서 별다른 유인책을 쓰지 않아도 전 세계 사람들이 몰려드는 곳도 있다. 로마, 파리, 베니스, 런

빌바오 구겐하임 미술관

던처럼 장구한 역사와 아름다운 경관을 자랑하는 도시들이 그러하다.

하지만 특별한 역사나 특성이 없는 일반 도시는 어떻게 해야 할까? 그런 도시는 어떻게 관심과 자원을 두고 경쟁할 수 있을까?

스페인 도시 빌바오Blbao를 생각해보라. 관광객 유치 방안에 관한 강연 때문에 빌바오에 초대받았던 일이 떠오른다. 빌바오는 1920년대만 해도 잘나가던 도시였다. 잘 지은 건축물들이 이 사실을 증명한다. 하지만 이 도시는 마드리드, 바르셀로나, 톨레도, 그라나다, 세비야 등 관광객이 끊이지 않는 도시들과 경쟁할 수 없었다. 도시 사업 관리자들은 값비싼 광고 캠페인이 해법이 아닐까 생각했다.

　광고와 브랜딩으로 이름 없는 도시를 최고의 관광지로 바꿀 수 있다는 것이 일반 통념이지만, 나는 다른 각도에서 문제에 접근했다. 내 강연에 참석한 도시사업 관리자들과 시민들에게 광고와 브랜딩에는 많은 돈이 들어가고, 또 그렇게 광고를 한다고 해서 대단한 효과를 보는 것도 아니라고 말했다. 빌바오에는 '에펠탑'처럼 전 세계 사람들이 관심을 가지는 대상이 필요했다. 나는 그들에게 이렇게 말했다. "여러분의 도시는 멋지지만 에펠탑은 없습니다." 또한 세계적인 미술관이나 극장, 경기장 등 인기 있는 구경거리가 있어야 한다는 이야기도 해주었다. 그들이 대형 미술관을 짓는 쪽으로 생각을 바꿔서 다행이었지만, 마드리드 프라도 미술관과 달리 알아주는 미술 소장품이 없다는 점이 문제였다.

　그런데 한 정부 관계자가 핵심을 찔렀다. 그는 위대한 미술품을 소장하는 것도 중요하지만 주변의 이미지까지 변화시킬 수 있는 미술관을 지어야 한다고 말했다. 이에 관련 위원회는 전설적인 건축가인 프랭크 게리Frank Gehrey에게 미술관 설계를 맡기기로 결정했다. 이렇게 그 자체로 예술 작품으로 눈에 들어오는 장대한 미술관(빌바오 구겐하임Guggenheim 미술관)이 빌바오에 들어섰다. 반응은 파격적이었다. 히니의 조각상과도 같은 이 미술관을 보려고 전 세계 각지에서 관광객들이 몰려들었다.

　도시의 이미지 변화라는 도전 앞에서 나는 동료 교수 어빙 레인, 도널드 헤이더와 함께 연구 프로젝트에 착수했다. 그런 일환으로 1993년 『장소 마케팅: 도시와 주, 국가에 투자, 산업, 관광을 끌어오는 법』을 출간했다. 이어서 유럽, 아시아, 라틴 아메리카를 각각 대상으로 하여 개정판을 출간했다. 우리는 도시의 강점과 약점, 위협과 기회에 대한 전략적 분석을 시행하라고 도시개발 관리자들에게 요구했다. 그다음에 도시를 변화시킬 크고 작은 방법들을 그려보라고 그들에게 조언했다. 그러고 나면 비로소 마지막 단계를 준비하게 된다. 효과적인 마케팅 캠페인을 벌여 도시가 필요로 하는 집단들을 끌어들이는 것이다.

도시발전 계획에는 시민들뿐만 아니라 도시의 실세들이 참여하기 마련이다. 1954년 프랑스의 수상 피에르 망데스 프랑스Pierre Mendès-France가 외국인들이 정말 환대받는다는 기분을 느끼도록 '좀 더 웃어 보이라고' 시민들에게 권유했던 일이 떠오른다. 또 하나 기억나는데, 싱가포르는 시민들에게 웃는 법을 직

나와 어빙 레인

접 가르치기도 했다. 태국 사람들은 눈이 마주치면 웃어주며 외국인들이 두려움을 느끼지 않게 해준다. '미소' 마케팅은 관광객들에게 호감을 심어주고 도시를 다시 찾게 하는 데 매우 효과가 있다. 또한 마케팅을 활용하여 현지 시민들에게 청중, 정중함, 안전에 대한 의식을 심어줘야 한다는 말을 덧붙이고 싶다.

Chapter. 14

정치

표를 얻고 싶다면 마케팅하라

정치 마케팅political marketing을 어떻게 생각하는지 사람들이 자주 물어온다. 정치 마케팅은 새로울 것이 없지만, 날이 갈수록 정교해지고 비용이 과도하게 높아지고 있다.

정치 마케팅이 이토록 정교하고 값비싸지기 전에 어떤 형태를 갖고 있었는지 들여다보자. 먼저 고대 아테네 시대로 돌아가 보자. 당시 데모스테네스와 페리클레스 같은 아테네인들은 정치 웅변을 훌륭한 기술로 활용했다. 또한 고대 아테네의 웅변가들은 선거에 출마하거나 특정 정치인에 대한 지지 연설을 했다. 스파르타에 대항해 전쟁에 돌입해야 한다고 주장하는 등 집단행동을

고대 그리스 철학자 아리스토텔레스의 조각상

촉구하기도 했다. 위대한 철학자 아리스토텔레스가 정립한 수사학 이론은 영향력 있는 웅변가들 사이에서 대의를 표현하는 수단으로 활용되었다.

과거 정치 입후보자들은 아기에게 뽀뽀를 하거나 쉴 새 없이 차 마시는 자리를 가지는 등 소박한 방법으로 유세를 했다. 이제는 트럭을 타고 확성기 차량으로 그들 자신 및 그들의 대의명분을 표현하고 있지만 말이다.

정치 마케팅의 정교함을 처음으로 느낀 것은 MIT 시절 정치학자 이딜 드 솔라 풀Ithiel de Sola Pool 교수에 관한 이야기를 들었을 때였다. 그는 유권자들에 대한 막대한 데이터베이스를 구축하여 당시 민주당Democratic party 대통령 후보였던 존 케네디John Kennedy에게 제공했다. 그에 따라 공공의 문제를 다루는 자리에서 얼마나 많은 유권자를 확보해야 선거에서 유리한지 예측할 수 있었다. 정치인들은 대부분 자신을 지지하는 유권자의 수를 최대한 늘리려고 한다. 그래서 선거 후보자들은 표를 최대한 많이 얻기 위한 선심성 태도를 취할 때가 많다. 그런데 케네디는 여타의 후보자들과는 달랐다. 케네디가 취하는 행동을 보면 잃는 표가 더 많을 것 같았다. 하지만 그는 더욱 일관되게 그의 색깔을 표출했다.

이런 기준에서 정치 지도자와 정치꾼을 구별할 수 있다. 정치꾼은 표를 얻는 일이라면 하루에도 몇 번씩 태도를 바꾼다. 정치꾼들의 특성을 하나 더 말하자면, 그들은 선거 자금을 끌어들이기 위해 물불을 가리지 않는다. 그래서 민의를 진지하게 수렴하겠다는 자세를 취하기는커녕 장사치처럼 돈 되는 사람의 이익에 더 많은 관심을 가진다. 오늘날 민주당이 저소득층과 노동자층의 관심을 선취했기에 공화당Republican party은 부자들의 이익을 대변하는 당이라는 이미지를 탈피하지 못하고 있다. 이를 보면 또한 공화당이 소수의 부자들로부터 거액의 정치 자금을 조달하는 반면에 민주당이 소액이라 해도 대중 시장에서 자금을 조달하는 이유를 알 수 있다.

우리 집에서 몇 블록 떨어지지 않은 곳에 소설가 스콧 터로우Scott Turow의 집이 있다. 나는 그 집에서 버락 오바마Barack Obama를 처음 만났다. 스콧은 오바마와 잘 아는 사이였다. 두 사람 다 변호사로 범죄 없는 세상을 만들기 위해 애썼다는 공통점이 있었다. 당시 스콧은 오바마에게 상원의원 선거 자금을 지원해주고 싶어 했다. 뜻을 같이 하기 위해 모였던 25명의 사람들은 오바마의 걸출함과 인간미에 압도되었다. 우리 부부가 정치 후보자에게 그토록 성심껏 자금을 지원해준 적은 한 번도 없었던 것으로 기억한다. 집으로 돌아오는 길에 우리는 이런 이야기를 나눴다. "미국에는 오바마 같은 지도자가 많이 나타나야 해."

결국 오바마는 상원의원에 당선되었고, 이후 대통령이 되어 재선에도 성공했다. 오바마의 선거운동캠프가 정치 마케팅의 대변혁이라고 할 수 있는 소셜 미디어를 최대한 활용한 덕에 승기를 잡을 수 있었다. 또한 민주당은 페이스북, 트위터, 링크드인Linked In, 유튜브 같은 사회관계망 서비스(SNS)와 동영상 서비스를 활용

연설 중인 오바마 대통령

하여 유권자들에게 친근하게 다가갈 수 있었다. 그에 따라 소액 기부자와 자원봉사자들이 급속히 늘어나면서 민주당은 대중의 이익을 대변하는 정당으로서 이미지를 굳힐 수 있었다.

물론 선거운동 과정이 보기 좋지 않게 비춰질 수 있다. 소속 정당이 없는 입후보자들이 선거에서 승리하는 일이 드문 것도 사실이다. 사실 정당들은 저마다 다른 정당들과의 차이를 부각시키고 유권자들에게 월등한 공약을 내세우기 위해 노력한다. 각 정당의 후보자는 당의 원칙을 따라야 하며, 그러지 않으면 다음 선거에서 공천을 받는다는 보장이 없다. 때문에 정치 입후보자들은 대중의 이익보다는 소속 정당의 이익을 먼저 챙길 수밖에 없는 게 현실이다.

선거 후원금 모금은 선거에서 중요한 변수로 작용한다. 각 정당이 선거 기간에 쓰는 자금은 갈수록 늘어나고 있다. 이런 선거 비용을 줄일 방법이 있을까?

하나의 대안이 있다면, 정부가 모든 후보자에게 선거 자금을 지원해주고 개인 기부를 막거나 제한하는 것이다. 하지만 이 방법은 정치활동의 자유에 대한 논란을 불러일으킨다. 다른 대안으로는 공개적인 선거운동을 제한한다거나 영국이 실행에 옮긴 것처럼 두 달만 선거비용을 지출하도록 하는 방법이 있다. 알다시피 오늘날 정치 후보자가 선거에 당선된 직후에 정치 자금을 조달하는 것은 흔한 일이다. 선거운동은 끝이 나지 않는 과정인 것이다. 마지막으로 정치인의 임기를 늘리는 방법이 있다. 이를테면 임기를 2년에서 4년으로 늘리면 정치인들이 후원금 조달 문제보다 법안 문제에 신경을 더 쓰지 않을까 생각한다.

한편 두 영역에서 개혁이 요구된다. 현재 정치 후보자들은 먼저 소속 정당의 예비선거에서 당선이 되어야만 한다. 예비투표에는 대개 한쪽으로 치우친 골수 당원과 이념론자들이 참여한다. 그러하기에 민의를 대표하지 못하는 후보자가 당선되는 경우가 많다. 미국의 여러 주에서는 예비선거에서 낙선하는 경우 본선거를 치르지 못한다.

자신의 정당에 유리한 지역을 선거구로 정하는 '게리맨더링gerrymandering'도 방지해야 한다. 선거에 당선되었다 해도 반대 성향의 유권자들이 많은 지역으로 선거구가 조정되면 재선에 성공하지 못할 것이다. 한 민주당의 후보자도 공화당 성향이 짙은 지역구에서 재선에 도전했지만 결국 낙선의 고배를 마셔야 했다.

Chapter. 15

박물관

사람을 끌어들이는 예술

웬만한 도시에 가보면, 박물관 하나쯤은 쉽게 찾아볼 수 있다. 도시가 성장해온 역사를 보여주는 박물관도 있고, 미술이나 과학 또는 자연의 역사를 보여주는 곳도 있다. 또한 연일 관람객으로 붐비는 유명 박물관이 있는가 하면, 볼거리는 많이 전시되어 있지만 외지에 있어서 인적이 드문 곳도 있다.

나는 박물관이 많은 시카고에서 자랐다. 그래서 시카고 미술관Art Institute of Chicago, 필드 자연사 박물관Field Museum of Natural History, 셰드 수족관Shedd Aquarium, 과학 산업 박물관Museum of Science and Industry 등 다양한 박물관을 구경할 수 있었다. 시카

고에는 미술관만 하더라도 국립 멕시코 미술관National Museum of Mexican Art, 현대 미술관Museum of Contemporary Art, 폴란드 박물관Polish Museum of America, 발제카스 리투아니아 문화 박물관Balzekas Museum of Lithuanian Culture이 있다.

이런 박물관들은 시카고 문화의 중요한 일부분일 뿐만 아니라 우리 자신과 우리가 살고 있는 곳을 이해하는 기반이라고 할 수 있다. 박물관은 학교와 도서관, 지역 신문사와 더불어 우리의 지식과 세계관이 형성되는 데 중요한 역할을 한다.

박물관은 역사적 예술적 관심 대상을 수집, 보호, 전시한다는 개념에서 유래했다. 그러다가 튼튼한 공공건물 안에 설치대를 놓고 그 위에 수집물들을 전시하여 관람객들이 그것들을 감상하고 평가하도록 하는 공간으로 발전했다.

뉴욕 메트로폴리탄 미술관Metropolitan Museum of Art의 관장을 지낸 필립 드 몬테벨로Philippe de Montebello의 의견에 따르면, 박물관은 수집품을 전시하는 곳이며, 박물관에 오는 이유는 관람을 즐기기 위해서이다. 다른 모든 이유는 다 부차적인 것이다.

오늘날 박물관 관장들은 폭넓은 관점에서 박물관을 색다르게 운영하고 있다. 현대의 박물관들을 보면, 다양한 범주의 수집품을 전시하는 것은 물론이고, 음악이나 오락 관련 프로그램을 운영하는 곳도 많다. 또한 저마다 각종 공연과 문화행사를 벌이고 있다. 카페테리아는 말할 것도 없고 고급 레스토랑을 운영하기도 한다. 아이들이 관리자의 감독하에 미술놀이를 하는 공간을 마련해둔 곳도 있다. 박물관 관장들은 자신들의 박물관이 관람객들로 북적이길 바랄 뿐 아니라 관람객들에게 다양한 전시품 외에 기억에 남는 체험을 제공하려고 애쓰고 있다.

지난 수년 동안 박물관 관장들의 연락을 자주 받았다. 어떻게 해야 관람객을 끌어들일 수 있는지, 입장료는 얼마가 적당한지, 어떻게 해야 기증자를 늘리고 다양한 전시품을 수집할 수 있는지, 박물관이 도시 경제발전에 기여하고 있다는 것을 어떻게 증명해야 하는지 등 그들은 많은 것을 궁금해했다. 그들과 교류하면서 박물관 관장들이 관람객 유입, 기증자 모집, 재능 있는 직원 고용, 도시의 지원 등 다양한 영역에서 마케팅 기술을 가져야 한다는 점을 알게 되었다. 이후 몇 년간 게티 미술관Getty Museum의 교육 프로그램에 참여한 적이 있는데, 재능과 의욕이 있는 큐레이터들을 선발하여 실무 교육을 실시했다. 장차 박물관 관장이 될지 모르는 사람들과 함께했기에 더 의미 있는 시간이었다.

박물관 마케팅에 참여하다 보니 내 동생 네일 코틀러와 『뮤지엄 전략과 마케팅: 사명 설계, 관객 개발, 수입 및 자원 창출』을 함께 쓰기에 이르렀다. 이 책은 호응이 꽤 좋았다. 박물관에 들렀을 때, 관장이나 큐레이터의 책상에 이 책이 놓여 있는 것을 자주 보곤 했다. 디지털 미디어 시대가 열리면서 제수씨 웬디 코틀러Wendy Kotler도 동참하여 이 책의 개정 2판을 출간했다.

그런데 내가 박물관 건축에까지 참여하게 될지는 꿈에도 생각하지 못했다. 박물관 건축은 뮤지엄 마케팅이라는 내 여정의 2차

네일 코틀러, 『뮤지엄 전략과 마케팅』의 개정판

전이 되었다. 이 여정에서 인도네시아 출신이자 내 제자, 그리고 공동 저자가 된 허마완 카타자야Hermawan Kartajaya와 함께하게 되었다. 허마완은 인도네시아계 대형 마케팅 교육 및 컨설팅 기업 마크 플러스Mark Plus의 CEO이기도 했다. 우리는 함께 발리를 여행했고, 거기서 발리 왕실의 세 왕자를 만났다. 왕자들은 그들의 소유지에 지은 미술관 두 곳에 관한 이야기를 해주었는데, 마케팅을 연구하는 우리에게 깊은 관심을 보였다. 이에 발리에 세계 최초의 마케팅 박물관을 건립해보겠냐고 그들에게 의향을 물었다. 영국 노팅힐에 브랜드, 패키징, 광고 관련 박물관이 있지만, 우리는 그보다 더 넓은 관점에서 마케팅 박물관을 구상했다. 왕자들은 우리의 제안을 흔쾌히 받아들였다. 우리는 그 즉시 건축 회사를 섭외했다. 그렇게 몇 년 만에 아름다운 2층짜리 박물관이 발리의 우붓Ubud에서 문을 열게 되었다.

우붓의 박물관으로 들어서면, 제일 먼저 일류 경영자들의 업

나와 허마완 카타자야

적을 소개하는 전시관이 눈에 들어온다. 거기서 애플의 창업자 스티브 잡스Steve Jobs, 괴짜 CEO 리처드 브랜슨Richard Branson, 사우스웨스트 항공Southwest Airlines의 창업자 허브 켈러허Herb Kelleher 등 걸출한 경영자들의 삶을 들여다볼 수 있다. 이어서 그라민 은행Grameen Bank, 빈곤퇴치에 앞장서는 소액대출 기업, 삼성, 메이요 클리닉Mayo Clinic, 미국 미네소타 주에 위치한 병원으로 환자 중심의 서비스로 유명 등 세계 최고의 고객 지향적 기업과 기관들을 만나볼 수 있다. 마지막으로 대강당으로 들어가보면, 코카콜라의 '온 세상에 노래를 가르쳐주고 싶어(I'd Like to Teach the World to Sing)', 애플의 '1984', 사회운동가 보노Bono의 'RED' 캠페인 등 세계 최고의 광고를 체험하게 된다. 그뿐인가. 앉아서 대화를 나눌 수 있는 별도의 좌석도 마련되어 있고, 참고자료를 찾아볼 수 있는 도서관도 설치되어 있다. 게다가 박식한 직원들은 또 어떠한가.

인도네시아 정부가 발행한 우표

 박물관은 살아 움직이는 유기체 같다. 끊임없이 변화하는 관람객의 니즈와 관심을 충족시키고 소속된 지역사회와 연계하기 위해 성장하고 진화해나가야 하는 까닭이다. 발리의 시민들, 우리의 마케팅 3.0 박물관Museum of Marketing 3.0을 찾는 관람객들이 마케팅의 영향력을 새로이 깨닫기를 우리는 기대한다. 우리의 상상력을 확장시키고 새로운 니즈와 욕구를 충족시키는 것이 바로 마케팅의 힘이다. 인도네시아 정부는 내 공로를 인정하여 새 우표에 내 사진을 넣어주었다.
 2007년에는 인도네시아 관광 특별대사로 임명되었다. 2011년 5월에는 발리의 주도州都인 덴파사르Denpasar 시가 내게 덴파사르 명예시민 자격을 수여했다.

Chapter. 16

공연예술

진짜를 체험하게 하라

늘 궁금했던 게 있다. 대도시나 지방도시에 교향악단이나 오페라, 발레, 연극 등 라이브 공연이 단 하나도 열리지 않는다면 어떨까? 그것은 수요가 엄청난 문화 엔터테인먼트 산업의 상실을 의미할 것이다.

물론 사람들은 여전히 공연을 보고 들을 수 있다. 영화를 봐도 되고, 녹화된 음악 공연 실황을 봐도 된다. 이처럼 우리는 시간과 장소에 구애받지 않고 공연을 감상할 수 있다. 이렇게 하면 차를 타지 않아도 되고, 운전을 할 필요도, 주차공간을 찾을 필요도 없다. 극장 입구에서 줄을 서지 않아도 되고 좌석을 찾는 수고를 하

음악 공연을 즐기는 사람들

지 않아도 된다. 앞자리에 앉은 머리 큰 사람 때문에 방해를 받지 않아도 되고, 휴식시간을 기다렸다가 화장실로 달려갈 필요도 없다. 그뿐인가. 나머지 공연을 보려고 자리로 돌아올 필요도 없고, 박수갈채를 보낸 뒤 급히 차를 타러 주차장으로 향할 필요도 없다. 운전해서 귀가하여 급히 잠자리를 준비할 필요도 없다. 요컨대, 수시간에 걸친 간헐적인 즐거움과 불편함을 감수할 필요가 없어진다.

그럼에도 수많은 사람들이 여전히 라이브 공연을 보러 간다. 집에서 가만히 셰익스피어Shakespeare의 햄릿 DVD를 틀어놓고 명배우 존 길거드John Gielgud의 연기를 감상하며 여유롭게 커피

한 잔을 음미해도 되건만, 사람들은 그렇게 생각하지 않는 것 같다. 사람들은 여전히 DVD와 라이브 공연은 차원이 다른 경험이라고 생각한다. 사람들은 복제본이 아니라 진짜를 체험하고 싶어 한다.

 복제본이 진짜를 대체할 수 있을까? 현대의 복제 기술과 인터넷을 활용하면, 별다른 수고를 들이지 않고 보고 듣고 싶은 것은 무엇이든 복제할 수 있다. 가상의 체험은 만족감과 충족감을 줄까? 가상의 체험에 만족하는 사람이 늘어날수록 라이브 공연예술이 사장될 가능성이 높아진다. 라이브 공연예술이 침체되는 것은 기술 때문만은 아니다. 경제도 한몫을 하고 있다. 라이브 공연예술에는 막대한 제작비가 들어간다. 공연을 관람하는 비용도 만만치 않다. 공연을 진행하려면, 공연장을 보유하거나 빌려야 한다. 또한 각각의 배역에 맞는 배우를 선발하기 위해 오디션을 진행해야 한다. 한편, 연기자들(음악가나 무용수, 배우)은 엄청난 시간을 들여 배역을 연습해야 한다. 마케터들은 그들 나름대로 보도자료를 준비, 배포하여 충분한 관객을 끌어모아 적절히 높은 가격에 입장권을 판매해야 한다.

 공연예술의 비싼 입장권 문제는 생산성이 증대된다고 해서 해결되지 않는다. 다시 말해, 베토벤Beethoven의 5중주를 빨리 연주하거나 짧게 연주한다고 해서 이익이 더 생기지는 않는다. 악단의 규모를 줄인들 관객들에게 제대로 된 체험을 제공하지 못한다. 악단 구성원들은 이미 변변치 못한 급여를 받고 있어서 그들의 급여를 줄이는 것도 해서는 안 될 일이다. 대개 물리적 상품을 만드는 업종과 달리 서비스 업종에서 생산성을 증대시키는 일이 매우 어렵다.

매출이 공연장의 규모에 한정되어 있다는 점도 요인으로 작용한다. 공연이 꽤 인기를 끌면, 좌석이 모자라 관객을 돌려보내거나 별도의 방에서 방송 화면으로 공연을 보여줘야 할지도 모른다. 하지만 이는 공연을 진짜가 아닌 짝퉁으로 만드는 일이나 다름이 없다.

아무나 지불할 수 없는 가격이라면 모를까 입장권 판매로 제작비용을 다 충당하기는 어렵다. 입장권 매출이 유일한 수입원이라면 오페라 입장권 가격이 500달러 이상, 즉 누구나 낼 수 있는 금액 이상은 되어야 할 것이다. 미국의 경우, 오페라 입장권이 150달러밖에 되지 않는 이유는 넉넉한 후원자들이 그 차액을 메꾸기 때문이다. 다른 여러 나라에서도 정부가 나서서 공연예술 분야에 막대한 지원을 해주고 있다.

그렇다면 '짝퉁'이 아닌 진짜 체험에 비용을 지불하는 사람이 앞으로 충분히 늘어날까? 이는 라이브 공연예술이 직면할 실제적 물음이다. 알다시피 각각의 공연예술에는 저마다의 유행주기가 있다. 이를테면, 라이브 교향악단의 인기가 떨어지는 반면 라이브 극장의 인기가 치솟는 경우가 있다. 또한 나라마다 사정이 다르다. 일본 도쿄에는 일반적인 규모의 교향악단이 일곱 개나 있고, 저마다의 공연에 늘 적당한 수의 관객들이 모여든다. 또한

조앤 셰프 번스타인, 『전석 매진』

순수예술은 예컨대 미국보다는 러시아와 서유럽에서 더 유행하고 있다. 이 지역 사람들에게 순수예술은 삶의 일부분이다. 발레는 미국의 일부 도시에서 유행하고 있지만, 그 밖의 도시에서는 명맥이 끊어졌거나 지원이 부실하다. 발레와 오페라 공연의 경우, 미국에서는 대개 후원을 받을 수 있는 큰 도시에서나 수지가 맞는다.

흔히 젊은 계층이나 자녀를 둔 가정보다는 50대 이상의 사람들이 공연예술에 후원을 많이 하는 편이다. 그렇다면 그 다음 세대는 지금의 세대처럼 라이브 공연예술에 성원을 보여줄까? 지금의 마케터들은 많은 관객을 끌어들일 능력이 될까? 지금의 예술가들은 그들의 후원자들을 위해 보다 흥미로운 체험을 창출할 수 있을까? 그들은 목표 청중과 관련된 체험을 창출하는 면에서 생각할까?

이런 물음에 매료된 나는 내 제자인 조앤 셰프 번스타인과 공연예술에 관한 연구를 시작하여 그 결과물인『전석 매진: 필립 코틀러의 공연예술 마케팅 전략』을 하버드 경영대학원 출판사에서 출간했다. 우리는 이 책에서 입장권 가격, 기부금 제도, 후원금 모금, 공연예술 단체의 브랜드 구축, 공연 광고, 젊은 관객의 유입, 좌석이 매진되게 하는 마케팅 전략 등 공연예술단체 경영진과 마케터들이 흔히 겪는 이슈들을 다루었다.

또한 우리는 탁월한 공연 프로그램 기획, 전석 매진, 후원자 모집, 공공 분야 지원 확대 등 공연예술의 목표를 달성하기 위해 전방위적인 경영과 마케팅 기술이 필요하다고 결론을 내렸다. 이런 준비를 하지 않고는 성공을 장담하기 어렵다.

Chapter. 17

종교

성경은 최고의 마케팅 텍스트

마케팅 분야에서는 병원, 사회봉사 기관, 박물관, 공연예술 단체 등 그 적용범위가 대폭 확대되었다. 그래서인지 여러 종교의 지도자들이 내게 문의를 해오기 시작했다. 집회를 발전시키거나 적어도 집회의 위축을 막는 데 마케팅 이론이 도움이 되는지 그들은 궁금해했다. 그간에 종교가 올바른 삶의 태도와 윤리적, 영적 행동의 지침이 되어주는지 궁금했던 참이었다. 이에 브루스 렌과 함께 움직이기로 했다. 우리는 종교단체와 신도들이 마케팅으로 '고객'을 유지하고 성장시킬 수 있도록 그 방법을 연구했다.

그러나 종교 지도자들은 대부분 이런 문제에 관심조차 두지 않았다. 옛 전통을 고수하고 보수적인 태도를 버리지 못하기에 자신들의 종교에 마케팅이나 경영 사고를 적용한다는 말에 심한 거부반응을 보이는 것이다. 그럼에도 우리는 의지를 굽히지 않았다. 신도들을 잃다가 알반 연구소Alban Institute라는 교회 컨설팅 기업으로 변신한 한 교회(워싱턴 D.C 소재 서부장로교회)가 있다. 알반 연구소는 교회 지도자들에게 인구학적 보고서를 제시했다. 그러면서 어린 자녀를 둔 가정에 중점적으로 설교를 하면 교회 출석 수가 두 배로 늘어난다고 조언했다.

브루스와 나는 현장 연구를 계속 한 끝에 그간의 연구결과물 『집회 마케팅: 사람들을 더욱 효과적으로 섬기기』를 출간했다. (노먼 샤우척Norman Shawchuck, 구스타브 래스Gustave Rath도 이 책 집필에 참여했다.) 이후 우리 중 세 사람이 『영향력 있는 교회 만들기Building Strong Congregations: Attracting, Servicing, and Developing Your Membership』라는 제목으로 개정판을 출간했다.

종교 조직이 점점 많은 문제에 직면하고 있다는 점에 우리는

브루스 렌, 『영향력 있는 교회 만들기』

인식을 같이했다.

- 종교가 세속화되면서 타당성과 이로움이라는 측면에서 종교의 의미와 가치에 대한 물음들이 제기되었다.
- 시장 경제화가 이루어지면서 미디어, 재화, 서비스에 대해, 또 그들이 무엇을 전달해야 하는지 혹은 전달할 수 있는지에 대해 새로운 발상이 생겨났다.
- 라디오와 TV, 인터넷이 지역의 교회들과 경쟁하고 있다. 가상 공간을 통한 예배 서비스까지 제공하고 있다.
- 이혼, 근친결혼, 무자녀 부부, 동성 간 결혼, 다국어, 다문화 신도, 인구이동, 재원 부족 등 늘어가는 사회 이슈를 주로 종교 지도자들이 다루었다.
- 미국으로 들어오는 새로운 이민자들은 불교신자나 이슬람교도, 콥트교 신자들로 확연히 다른 문화를 가지고 있다.
- 연계된 조직 없이 독자적으로 움직이는 '초대형 교회'가 인기를 얻고 있다. 그들은 제도화되고 관료적으로 변질된 교파와는 다른 이미지를 형성했다.

이 모든 변화와 함께 신도들의 삶에도 변화가 일어나고 있다. 일례로 샌프란시스코의 한 대형 이슬람교 사원이 남성과 여성을 갈라놓는 2.5미터 높이의 칸막이를 없애면서 논란이 야기되었다. 결국 일부 신도들은 사원에 그대로 남았지만 또 일부 신도들

캐나다 토론토에서 가장 오래된 세인트 제임스 대성당

은 칸막이가 있는 다른 사원을 찾아갔다. 또 다른 예로 뉴욕의 한 유대교 회당에서는 안식일 준수 방법으로 태극권, 자연산책, 요가수업, 스탠드 업 코미디 등의 안식일 프로그램을 제공한다.

   교회 지도자들과 함께하면서, 신도들이 다양한 동기를 가지고 집회에 참여하고 교회에 머문다는 점을 보여주려고 했다. 교회라고 해서 모든 유형의 신도들을 다 충족시킬 수 없다. 교회도 목표

시장을 신중이 설정하고 예배, 사회적 관계, 지역사회에 대한 봉사 등 신도들의 니즈와 기대를 파악할 필요가 있다. 이와 관련하여 우리는 마케팅 용어를 동원하여 교회 지도자들에게 이런 물음을 던졌다.

-당신의 제공품은 무엇입니까?(제품 Product)
-제공품의 편익과 비용은 어떠합니까?(가격 Price)
-제공품을 언제, 어디에 전달할 겁니까?(유통 Place)
-제공품을 어떻게 홍보할 겁니까?(홍보 Promotion)

알다시피, 우리는 4P 전략을 적용했다. 고객을 끌어모으고 유지시키고자 하는 조직이라면 어디에도 4P 전략을 적용할 수 있다.
교회를 처음 방문한 사람들에게 강한 인상을 심어줘야 한다고 우리는 강조한다. 그들은 개별적으로 환영을 받았는가? 방문객들이 예배를 어떻게 느꼈는지, 좋은 인상과 나쁜 인상을 준 부분이 무엇인지 후속점검 follow-up 을 실시했는가? 조금만 준비하고 조금만 연구해도 교회의 '제공품'을 개선하여 일어난 효과를 길게 누릴 수 있다. 점점 성장하는 예배 마케팅 분야를 연구하고 거기서 나오는 흥미로운 발상을 함께 나누는 것이 우리의 목표다.
'다른 종교에 맞서 우리의 종교를 어떻게 마케팅할 것인가?' 종교계는 그간에 이런 민감한 물음과는 담을 쌓아왔다. 가톨릭과 프로테스탄트, 크리스천과 이슬람, 시아파 이슬람과 수니파 이슬람, 정통파 유대교와 개혁파 유대교 사이의 종교 분쟁은 오래전부터 이어져온 문제다. 종교에 따라 개종활동과 해외선교활동에 적극적인 경우도 있다. 모르몬교도 활발한 선교활동을 벌이고 있다. 자세히 들여다보면, 성장하는 종교는 사람들의 깊은 곳에 내재한 욕망을 채워주고 소속에 대한 보상과 신념을 심어준다. 어느 작가가 주장한 것처럼 '성경은 세계 최고의 마케팅 텍스트'라는 말에도 일리가 있다. 미국 식민지 시대로 거슬러 올라가면, 설교자들이 '마케팅' 전략을 적극 활용했다는 것을 알 수 있다.

한편으로 나는 여러 종교가 상생하는 방법을 연구하고 싶다. 어느 종교가 여타 종교보다 우월하다는 것을 증명할 방법은 없다. 어느 종교에서나 다른 종교의 신앙을 인정할 정도로 스스로를 낮추는 이타적인 태도가 필요하다.

Chapter. 18

변화

완전히 새로운 삶을 찾아서

사람들은 대부분 태어나서 죽을 때까지 있는 그대로의 모습을 유지한다. 그런데 사람들은 행복할 때는 좀처럼 변화를 찾지 않다가 불행하고 우울해지면, 정신과 상담을 받거나 약물 치료를 받는 등 다양한 심리치료를 받기 마련이다. 어쩌면 살을 빼려고 하거나 엄격한 채식에 들어갈지도 모른다. 성형 수술을 받는 사람도 있다. 재충전을 위해 여행을 떠나는 사람도 있다. 회사 문제로 갈등을 겪다가 새로운 직장을 구하는 사람들이 있는가 하면 불행한 결혼 생활을 정리하고 새 출발을 하는 사람들도 있다. 이렇게 사람들은 만족스러운 삶을 살기 위해 여러 방법을 강구한다.

레오 톨스토이

사람들은 왜 삶을 완전히 바꾸려고 할까? 나는 늘 이런 부분이 궁금했다. 그런 사람들은 더 나은 모습을 희망하며 현재 자신의 모습을 버리려고 노력한다. 또한 새로운 경험을 찾기도 하고, '변화'를 꾀하기도 한다. 이 모든 것이 가능하다는 점에서 레오 톨스토이Leo Tolstoy의 삶을 들여다보자. 톨스토이는 한때 포병장교였다가 소설가이자 무정부주의 사상가, 사회변혁가로 명성을 떨쳤다. "모두가 세상을 변화시키겠다고 하지만, 정작 스스로 변화하겠다고 생각하는 사람은 없다." 세상에 대한 톨스토이의 혜안이 드러나는 말이다.

ESTErhard Seminars Training, 참된 자기를 자각하기 위한 심신운동훈련. 베르너 에르하르트가 창시라는 자기계발 훈련에 참여했던 일이 떠오른다. 잘생기고 카리스마 넘치는 '리더'를 따라 대략 300명의 사람들이 2주 과정의 자기계발 훈련에 참여했다. 참가자들은 대부분 흥미로운 체험은 물론이고 스스로가 어느 정도 변화되길 기대하고 있었다. 그들은 대인상호작용에 더해 일련의 자기탐구 훈련과정을 거쳐 새로운 가능성과 아이디어를 얻으리라는 기대로 마음을 열었을 터였다. 또한 참가자들은 손을 들고 개인적으로 매우 심란했던 체험을 나누겠다는 의지로 저마다 손을 들어보였다. 이어서 그들은 각자의 체험을 털어놓으며 누구나 다 비슷한 일을 겪을 수 있다는 것을 알게 되었다.

첫째 주에는 각 개인이 현재 처해 있는 모습을 깨어버리는 것을, 둘째 주에는 새로운 생각과 열망을 가진 모습으로 다시 깨어나는 것을 목표로 했다. 훈련을 끝낸 참가자들은 거의 모두 일생의 중요한 변화를 체험했다고 고백했다. 또한 일부는 훈련 이후 인간관계, 직업 등 스스로를 괴롭혔던 일을 털어버리고 완전히 새로운 삶을 살기 시작했다.

사이언톨로지교Church of Scientology에서도 변화의 실현 같은 것이 발견된다. 사이언톨로지 신도들은 단계별 과정을 거치면서 스스로가 '뚜렷해지는' 체험을 한다. 계별 업적을 쌓으면서 단계를 높여가고, 각자의 체험을 나누며 신도들 간에 유대관계를 쌓고 전도활동을 벌인다. 이들의 활동은 다소 드러나지 않는데, 앞으로 어떻게 비영리적 특권을 가진 교회로서 인정될지는 확실치 않다. 영화배우 존 트라볼타John Travolta와 톰 크루즈Tom Cruise 같은 스타 배우들이 이 종교를 믿는 것으로 유명하다. 사이언톨로지교는 많은 비판을 낳고 있지만, 변화의 체험을 보여준다는 점은 분

베를린에 개관한 사이언톨로지 센터

명하다. 일요일 반나절을 꼬박 예배에 바치면서도 마음을 채우지 못하는 여타의 종교 수준을 넘어서는 것이다.

아쉬람ashram, 힌두교의 수행 장소에서 수양할 때도 변화의 체험이 일어난다. 교수로 일하는 한 친구가 체험했던 일이 떠오른다. 샌프란시스코에 거주하는 친구는 막 이혼을 하고 힘든 시간을 보내고 있었다. 그러던 어느 날 우연히 아쉬람에 들렀다가 '구루guru, 힌두교에서 일컫는 스승이나 지도자'에 관한 소문을 들었고, 그때부터 아쉬람을 자주 찾았다. 이후 삶에서 새로운 목적을 느낀 친구는 1년간 대학을 휴직하고 힌두교의 본산인 인도로 떠나기로 결심했다. 인도로 건너간 후에는 남부러울 것 없이 새 삶을 살았고, 대학으로 돌아가지 않기로 계획을 잡았다. 그러나 계획했던 1년이 다 되어 갈 즈음, 친구가 따르는 구루는 이렇게 말했다. "자네의 대학으로 돌아가야 할 시간이 왔네." 이에 친구는 반대의사를 표명했다. 친구는 아쉬람에서 여생을 보내겠다고 스승에게 말했다. 그럼에도 구루는 친구를 설득했다. "자네가 여기 머물며 할 수 있는 일보다 대학 교수로서 세상에 할 수 있는 일이 더 많다네." 친구는 결국 대학으로 돌아왔다. 친구는 여전히 가끔씩 마음의 갈등을 겪기도 하지만, 지금까지 명강사로 인기를 누리고 있다. 인도에서의 경험이 자양분이 되었던 게 분명하다. 그가 정말로 변화했는지, 일부분만 변화했는지, 그가 완전히 딴 사람이 되었는지 무엇도 단정할 수 없지만 말이다.

종교 집단에 귀의하여 신부나 수녀가 되기로 마음을 먹었다면 어떨까? 그때야말로 정말로 완전한 변화의 체험이 일어난다. 그 변화는 이를테면 목사나 랍비가 될 때보다 더욱 극심하게 일어난다. 신부나 수녀는 결혼에 관한 관념을 버리고(그 자체로 변화를 체험하는 것이다), 교단의 일원이 되어 완전히 다른 삶을 살아가야 한다. 그래서 잘못된 변화였다고 생각하며 예전의 삶으로 되돌아오는 사람들도 있다.

어쩌면 세속을 떠나 승려가 되려는 사람에게 가장 혹독한 변화가 일어날지 모르겠다. 남부러울 것 없이 부유한 삶을 살다가 나이 마흔에 돌연 승려가 된 한 지인이 있다. 아시아인이었던 그는 부잣집에서 태어나 순탄한 삶을 살고 있었다. 그런 그가 어느 날부터 마음 한구석에 허전함을 느끼기 시작했다. 그때부터 그는 불교에 심취하다가 한 달 동안 절에 머물며 사찰 생활을 하기도 했다. 다시 만났을 때 그는 삶에서 많은 것이 변했다고 내게 말했다. 그는 수도승이 될까 진지하게 고민하다가 결국 세속의 삶을 버리기로 결심했다.

  이처럼 완전히 새로운 삶을 찾아 나서는 사람은 드물겠지만, 내 주위에는 현재의 모습에서 탈피하여 새로운 것을 추구하는 사람들이 여럿 있다. 이들의 삶을 계속 들여다보려고 한다.

Chapter. 19

피터 드러커

현대 경영학의 아버지를 만나다

어느 날 한 남자의 연락을 받았다. 전화기 너머로 독일 억양의 영어가 들려왔다. 나는 전화기에 귀를 기울였다. 그 남자는 이렇게 말했다. "피터 드러커Peter Drucker입니다." 나는 깜짝 놀라 한동안 말문을 열지 못했다. 미래에 대한 통찰로 가득한 그의 책을 면밀히 읽었고, 한 번도 만나보지 못한 그에게 깊은 존경심을 가지고 있던 차였기 때문이다. 미국 대통령이 연락을 해왔어도 그렇게 놀라진 않았을 것이다. 그만큼 피터의 전화는 내게 큰 의미가 있었다. 피터는 이렇게 말했다. "클레어몬트(캘리포니아 주)로 한번 오시지 않겠습니까? 이런저런 것들을 이야기해보고 싶네요." 나

피터 드러커

는 다음 날 아침 첫 비행기로 그를 만나러 달려가고 싶은 심정이었다. 그때가 1980년대 후반이었다.

피터 드러커는 현대 경영학의 아버지이자 현대 마케팅의 주요한 개척자로 추앙받고 있다. 그는 40년 넘는 세월 동안 늘 고객 중심의 경영을 강조했다. 기업의 모든 활동이 고객의 니즈를 찾고 고객을 만족시킨다는 개념으로 돌아가야 한다는 것이 그의 주상이었다. 그의 말처럼 고객 가치의 창출이 바로 마케팅의 목적이다.

피터가 기업에 던지는 네 가지 화두에 나는 깊은 감명을 받았다.

- 우리의 주요 사업은 무엇인가?
- 우리의 고객은 누구인가?
- 우리의 고객은 무엇에 가치를 두는가?
- 앞으로 우리가 할 사업은 무엇인가?

피터는 P&G, 인텔 등 기업의 CEO들 중 누구를 만나더라도 늘 위의 네 가지 물음을 던졌다. 실제로 기업의 CEO들은 물음의 답을 찾으면서 여러 면에서 통찰을 얻었다고 한다. 나 역시 내가 자문하는 기업들에게 비슷한 물음을 던진다.

피터의 책과 논평은 마케팅과 고객의 문제를 꿰뚫는 지혜로 가득하다. 그것들 중 몇 가지를 소개하고 그 의미를 짚어보고 싶다.

예를 들면 피터는 이런 말을 했다. "사업의 목적은 고객 창출이다." 이 말은 오늘날 사업의 목적을 이윤 창출로 보는 대다수 경영자들의 관점과 정반대에 있다. 피터에게 있어 이런 경영자들의 관점은 공허한 이론에 불과했다. 이윤 창출과 관련된 중요한 사상이 빠져 있었기 때문이다. 그것은 고객 창출이었다. 기업은 고객을 창출하기 위해 경쟁자들보다 한층 더 높은 가치(비용을 뺀 혜택)를 제공해야 한다. 기업의 유일한 이익 창출원은 고객이다.

피터는 또한 이런 말을 남겼다. "기업 경영의 기본 기능 두 가지는 혁신과 마케팅이다. 나머지는 모두 비용일 뿐이다." 경영의 기능들이 모두 필요하고 사업에 효과가 있다는 점을 잘 알고 있었음에도 피터는 이 두 가지 기능을 핵심으로 꼽았다. 혁신이 중요한 이유는 무엇일까? 기술과 소비자 취향이 변화하고 있는 상황에서 기업은 현상만 유지해서는 안 된다. 또한 소비자들이 상품과 그 기능, 가격, 판매 위치 등을 파악하고 기업의 제공품을 신뢰하도록 하기 위해 마케팅을 강화해야 한다. 어느 한 가지가 아니라 혁신과 마케팅, 이 둘을 함께 강화할 때 기업은 성공을 이룩할 수 있다.

한편 피터는 마케팅과 판매의 차이를 명확히 했다. "마케팅의 목적은 판매를 불필요하게 하는 것이다." 피터가 이렇게 말하자 경영자들은 어안이 벙벙했다. 피터는 고객의 니즈를 충분히 이해하여 그에 부합하는 상품과 서비스가 저절로 팔리도록 해야 한다고 생각했다.

당시 기업들은 흔히 처음부터 자동차 같은 상품을 설계하고 나중에야 목표 고객과 홍보활동에 관한 결정을 내렸다. 피터는 이런 경영 방식에 대해 질타했다. 대상 고객 및 상품의 목적을 확실히 정한 후 고객이 진정으로 원하는 자동차(상품)를 만드는 것이 가장 현명한 방식이라는 말이었다.

피터와 전화통화를 했던 때로 되돌아가보자. 나는 그를 만나기 위해 캘리포니아 주 클레어몬트로 향하는 비행기에 올랐다. 피터는 공항까지 나를 마중 나왔다. 우리는 만난 즉시 그가 학생들을 가르치는 클레어몬트 대학원으로 향했다. 먼저 대학원에서 그에게 제공한 화랑에 들렀다. 거기에는 일본식 병풍과 족자 등 피터가 모아둔 수집품들이 전시되어 있었다.

133

손으로 편지를 쓰고 있는 피터 드러커

피터는 병풍을 차례대로 열어 보였다. 우리는 수집품들을 감상하면서 각각의 작품에 대해 의견을 나누었다. 일본인들이 우리와 다른 방식으로 미술을 해석하고 평가한다는 점에 대해서도 토론했다. 급기야 일본의 전통적 미의식인 '와비 사비'의 개념까지 논하게 되었다. '와비 사비'는 미술품에 내재된 고요한 정취, 그 역사와 경험을 느끼는 것을 의미한다. 이처럼 일본 특유의 미의식은 서구의 기준과는 확연히 달랐다. 이렇게 토론을 마친 후 우리는 화랑을 나와 근처 식당에서 점심을 먹었다.

피터는 나를 집으로 초대했고 그곳에서 나는 그의 아내 도리스Doris를 만났다. 60대에 물리학 학위를 받은 도리스는 현재 100세 생일을 바라보는 나이에도 열성적인 테니스 선수이자 등반가로 활동하고 있다. 도리스는 나를 환한 미소로 맞이해주었다. 그들의 집에 들어서자마자 나는 소박한 분위기에 깜짝 놀랐다. 이토록 소박한 거실에서 전 세계 유명 기업 출신의 최고경영인들을 접대했다니 더더욱 놀라웠다. 나는 그들에게 겉치레를 할 필요가 없겠다고 생각했다.

그날 저녁, 피터는 집 근처 녹음실로 나를 데려갔다. 당시 피터는 나처럼 NPO에 관한 연구를 진행하고 있었다. 조용한 녹음실에서 그는 내게 다음과 같이 화두를 하나 던졌다. "비영리조직 리더들의 성과 개선에 마케팅이 어떻게 도움이 될까요?"

피터는 여러 각도에서 내게 물음을 던졌다. 그의 물음들은 하나하나가 고무적이었다. 특히 박물관과 관현악단에 관한 물음들은 내가 문화 관련 기관들을 연구하는 동기가 되었다. 피터는 나와 비영리조직에 관해 토론한 내용을 정리하여 1990년 『비영리단체의 경영Managing the Nonprofit Organization』을 펴냈다.

한편 1990년 드러커 비영리경영재단Peter F. Drucker Foundation for Nonprofit Management이 설립되었을 때, 나는 자문위원회의 위원으로 초대를 받았다. NPO들이 다른 NPO의 경영은 물론 경영자들과 학자들의 도움을 얻어 조직을 개선하도록 돕는 데 재단의 설립 취지가 있었다. 나는 여러 차례 위원회 연례회의에 참석했다. 또한 비영리조직이 흥미롭고 창의적인 해법으로 사회문제를 해결하는 방법을 두고 몇 차례 프레젠테이션을 진행했다.

피터와 나는 간간이 편지를 주고받았는데, 그가 늘 손으로 편지를 써서 보내주는 것이 인상적이었다. 피터는 타자기나 컴퓨터를 전혀 사용하지 않았다. 물론 가끔 사용하는 경우도 있었겠지만 내게는 늘 손으로 편지를 써서 보내주었다.

드러커 재단은 그 이름을 바꾸어 현재 '리더투리더Leader to Leaeder Institute'라는 명칭으로 운영되고 있다. 피터는 애초 그의 이름이 걸린 재단을 설립하지 않으려 했으나 몇 년 후 재단의 이름을 바꾼다는 조건하에 재단 설립에 동의했다. 이런 태도에서 그의 겸허한 인품이 그대로 드러난다.

피터를 만날 때마다 그의 해박한 역사 지식과 미래에 대한 혜안에 자극을 받았다. 그가 어떻게 그토록 다방면의 광범위한 지식을 쌓았는지 상상조차 할 수 없다.

피터를 알게 된 것은 큰 행운이었다. 그는 요즘 보기 드물게 폭넓은 지식과 교양을 가진 사람이었다.

Chapter. 20

컨설팅

이사진이라면 귀 기울여야 할 3가지

마케팅 교수들은 대부분, 특히 마케팅 지침서를 저술한 경력을 가진 경우, 기업들로부터 자문 의뢰를 받는 경우가 많다. 컨설팅은 교수들의 재정뿐 아니라 가르침의 폭을 넓히는 기능을 한다. 내 경우에는 주로 은행(뱅크오브아메리카), 자동차 업체(포드, 현대, 기아), 의약 업체(머크앤드컴퍼니, 존슨앤존슨, 엘리릴리), 소비재 기업(SC존슨, 유니레버, 애플), B2B 기업(IBM, GE, 하니웰) 등 다양한 업종의 기업들에게 자문을 했다.

또한 오래전 여러 법률 회사들이 내 마케팅 저서를 보고 마케팅 전문가 증인 역할을 해달라며 연락을 해왔다. 하지만 나는 그러한 제안을 다 거절했다. 소송이 연기되기라도 하면 내 일정에 차질이 생길 소지가 있었기 때문이다. 게다가 반대편 변호인에게 내 자격과 증언을 뒤엎는 공격을 당하면서까지 진흙탕 싸움을 할 가능성도 있었다.

뿐만 아니라 몇몇 기업이 이사회에서 일해달라는 요청을 해오기도 했다. 그러나 내가 대략 확인해보니 이사회 회의에서는 별로 흥미롭지 않은 문제를 두고 많은 시간을 보내야 했다. 그리고 동료 이사가 사업 운영을 면밀히 점검하지 않는 경우 배상책임을 져야 하는 처지에 놓일 수도 있었다.

기업에 따라 '거수기 역할'을 하느라 바쁜 이사회도 있다. 이런 이사회에 소속된 이사들은 경영진의 구미에 맞는 사람들로 구성되어 있고 기존의 경영에 의문을 제기하지 않는데다 특권을 누리느라 정신이 없다. 물론 이사진이 매우 적극적이고 독립적으로 활동하는 경우도 있다. 이들은 진지하게 책임을 다하고 늘 기존의 경영에 건설적인 물음을 던지며 참신한 아이디어와 전략을 제시한다.

이사회에는 거수기 역할을 하는 사람들과 독창적인 사상가들이 뒤섞여 있다. 이사회가 잘못된 방향으로 나아간 대표적 사례로 GM의 이사회를 들 수 있다. GM의 이사회는 회사의 주가가 고공행진한 당시의 전략을 의심하지 않았다. 이러한 상황은 로스 페로Ross Perot가 1984년 자신의 창작품인 EDSElectronic Data System를 GM에 매각하여 GM의 대주주이자 이사회의 일원이

로스 페로

되면서 바뀌기 시작했다. 로스는 거침없이 의문을 던졌으며, GM이 대단한 자동차를 생산하지 않고 있다고 공개적으로 발언했다. 로스는 또한 GM의 경영진을 향해 쓴소리를 던졌다. 그가 들여다본 GM은 조직 상층부가 무거운 톱헤비top-heavy의 경영 방식으로 인해 경영진의 독창력이 부족하고 고객과 유통업자, 종업원들과 동떨어져 있었다. 로스는 자신이 '코끼리에게 춤을 가르치기 위해' 애쓰고 있다고 생각했다.

그러나 다른 이사진은 입을 꾹 다물거나 GM의 전략과 정책을 비판하기는커녕 뒤로 빠지기 일쑤였다. GM의 경영진은 거침없이 회사를 비판하는 로스를 못마땅하게 여겨 그에게 사임할 것을 요청했다. 그들은 여기서 그치지 않았다. 회사에 대해 어떤 것도 공개적으로 비판하지 말 것이며, 그러지 않으면 침묵에 대한 대가로 준 돈을 몰수할 것이라고 엄포를 놓았다. 하지만 그렇다고 벌벌 떨 로스가 아니었다. 로스는 GM의 이사회에서 사임한 즉시 1988년 《포춘Fortune》 기자 토머스 무어Thomas Moore의 인터뷰에 응했다. 인터뷰에서 그는 GM에 적합한 경영 방식과, 고위 경영진 대부분을 제거할 방법을 밝혔다.

반면에 최고의 이사회를 경험한 적도 있는데, 《포춘》 선정 500대 기업 중 한 곳에서 일할 때였다. 나는 조직에 고객 중심

디트로이트에 위치한 GM 빌딩

사고를 정착시킬 방법을 두고 CEO에게 자문을 했다. 그 회사의 CEO는 먼저 이틀에 걸친 이사회 회의에 참관해달라고 내게 요청했다. 이사회 회의는 세 측면에서 대단히 흥미로웠다.

첫째, 그들은 주요 고객사 세 곳에서 본사의 서비스와 장비에 대한 의견을 들었다. 나는 듀폰DuPont의 한 고위간부가 그 회사의 담당자와 연락 닿기가 얼마나 힘든지에 대해 불만을 토로했던 것을 기억한다. 당시 듀폰의 CEO는 그에게 진심어린 사과를 전하고 고객들에게 완벽한 서비스를 전달하려고 애쓰고 있는 점을 강조했다. "그래서 여러분이 여기 계신 것입니다." CEO는 듀폰의 고위간부에게 이렇게 말했다. "우리가 서비스를 개선하도록 힘을 주십시오."

둘째, 세 명의 지사장에게서 본사의 정책에 관한 의견을 들었다. 먼저 조직에서 꽤 인정을 받던 시카고 지사의 지사장이 말문을 열었다. 그는 지사의 이익을 최대화하기 위해 인력을 좀 더 충원해야 한다고 주장했다. 이에 본사가 회계담당자 두 명을 충원하겠다고 했지만, 그는 마케터 두 명을 충원해달라고 요구했다. 그는 이사진을 향해 이렇게 말했다. "여러분이 필요로 하는 사람이 아니라 제가 필요로 하는 사람을 뽑아서 사업을 운영하게 해주십시오. 확실한 성과와 예산편성을 약속드리겠습니다. 저는 성과를 위해 존재하는 사람입니다. 그래서 제가 원하는 인력을 자유롭게 충원할 수 있어야 합니다." CEO는 그 자리에서 지사장들에게 인력충원에 대한 재량권을 주기로 결정했다.

마지막 부분은 상당히 흥미로웠다. CEO가 '경쟁업체'를 이사회에 초대하여 그들의 시장점유율 확대 전략을 소개하도록 한 것이다. 경쟁업체의 한 담당자는 이사진을 향해 드러내 놓고 말했다. "우리의 목표는 여러분의 회사를 묻어버리는 것입니다." 이어서 그는 네트워크 구축에 미래가 있으며, 자신들이 장비 개선에 주력하고 있다고 말했다.

이 이사회 회의는 모든 이사진이 적어도 세 가지 영역에서 귀를 열어두어야 한다는 점을 시사한다.

1. 주요 고객들이 회사의 사업 운영에 대해 의견을 말하도록 해야 한다.
2. 지사장들이 본사의 지침에 대해 자신의 의견을 제시하도록 해야 한다.
3. 중요한 위치에 있는 '경쟁자'가 우리 조직을 어떻게 공격할 계획인지 이야기하게 해야 한다.

Chapter. 21

성장의 조건

저성장 시대의 성장 전략 8가지

2007년에 시작된 금융위기는 전 세계에 걸쳐 저성장 시대의 개막을 초래했다. 이로 인해 미국은 저성장 기조가 고착화되었으며 그리스, 포르투갈, 스페인, 이탈리아 등의 유럽 국가들은 성장지표가 마이너스로 돌아서는 국면으로 내몰렸다. 동시에 중국, 인도네시아, 인도, 말레이시아 등의 여러 아시아 국가들은 5~8퍼센트의 성상률을 유지했다.

알다시피 성장률이 낮은 상장기업은 대개 성장률과 이익률을 높여야 한다는 압박을 받는다. 또한 기업의 현재 전략, 즉 과거에 효과가 있었던 전략은 더 이상 미래의 성공을 담보하지 못한다.

밀턴 코틀러, 『필립 코틀러 어떻게 성장할 것인가』

기업이 새로운 전략을 설계해야 할 때가 된 것이다.

저성장 경제 기업은 저성장을 운명으로 받아들여야 한다. 하지만 이 점을 우리는 대개 간과한다. 문제의 답을 찾다 보면 다수의 기회가 나타나고 통찰력과 비전을 갖춘 사람들이 그 기회들을 실행에 옮기지 않을까? 이 부분에서 우리가 확신을 가지고 있는 건 아닐까?

성장에 관심을 가지다 보니 내 동생 밀턴과 기업의 미래 성장을 위한 여덟 가지 전략을 구상하기에 이르렀다. 우리는 어떤 방법을 만들어냈다기보다 향후 성장에 영향을 미칠 여덟 가지를 가려냈다. 각각의 성장 전략을 전편의 책에 담았지만, 여덟 가지 전략을 한 권의 책에서 다룸으로써 경영자들이 동료들과 의견을 나누고 잘 되면 성장이 담보되는 한두 가지 전략을 찾아내길 바랐다. 이에 우리는 얼마 전 『필립 코틀러 어떻게 성장할 것인가: 2013-2023 저성장 경제의 시장 전략』을 펴냈다.

왼쪽부터 밀턴, 나

여덟 가지 성장 전략을 열거하기 전에 저성장 기업들이 보편적으로 직면한 문제를 밝혀야 한다. 주주들을 만족시키고 싶어 안달이 난 최고경영진은 흔히 다음해를 겨냥하여 공격적인 성장 목표를 세운다. 문제는 조직의 성장세와 현재 마켓 트렌드가 공격적인 성장 목표를 충족시킬 만큼 성장 잠재력을 이끌어낼 수 있는가이다. 그렇지 않다면 새로운 계획에 착수함으로써 '성장 격차growth gap'를 메꿔야 한다.

이를테면 신제품 개발 착수, 신규 시장 진입, 신규 시장 세분화 또는 새로운 지역 공략 등이 계획에 포함될 수 있다. 이때 그와 같은 계획들을 구상하고 각각의 소득과 위험을 고려한 뒤 지나친 위험 없이 성상 격차를 메눌 수 있는 계획들을 조합해야 하는 과제가 생긴다.

성장 기회를 탐색하기 위한 여덟 가지 주요한 전략적 방법을 살펴보자.

- 성장 전략 1 : 시장점유율을 높인다.
- 성장 전략 2 : 고객과 주주를 회사의 주인으로 만든다.
- 성장 전략 3 : 강력한 브랜드를 구축한다.
- 성장 전략 4 : 제품과 서비스를 혁신한다. 고객을 제조과정에 참여시킨다.
- 성장 전략 5 : 글로벌 확장을 한다.
- 성장 전략 6 : 인수합병, 제휴, 합작을 고려한다.
- 성장 전략 7 : 사회적 책임을 다하여 좋은 평판을 얻는다.
- 성장 전략 8 : 정부 및 비정부기구와 함께 일한다.

우리의 조직이 우세한 시장점유율(성장 전략 1)에 기대어 잘 돌아가고 있다고 가정해보자. 지금 우리는 제품에 높은 가격을 매겨 새로운 이득을 보는 상황이다. 하지만 새로운 저성장 환경에서는 고객들이 높은 혜택보다는 가격에 더 많은 관심을 가진다. 같은 성장 전략으로는 수익 감소를 피할 수 없다. 이때 나머지 일곱 가지 전략 중 한두 가지를 고려해야 한다. 그간에 조직이 잘나갔던 탓에 한 번도 인수합병을 진행하지 않았을 법하다. 그러나 매력적인 인수합병 기회가 넘쳐나는 현실을 감안해야 한다. 한편으로는 이렇게 상상할 수 있다. 우리는 그간에 국내에서 재미를 봤기에 해외시장을 개척하지 않았다. 그러니 지금이야말로 중국 같은 고성장 시장에 진입해야 할 때가 아닐까?

경영자라면 각각의 전략에 대한 핵심이 무엇이며, 곳곳에 어떤 함정이 도사리고 있는지 궁금하지 않을까? 인수합병을 처음으로 진행한다면, 조심해야 할 게 많다. 우리 책에서 M&A를 다룬 부분을 보면, 인수합병에 따른 주요한 혜택과 위험, 고찰해야 할 몇 가지 물음을 확인할 수 있다. 한편으로, 글로벌 확장에 들어가는 경우에는 완전히 다른 이슈들에 무게를 두어야 한다.

전략을 실행하는 것도 중요하지만, 잘못된 전략을 선택하면 안 하니만 못한 결과를 초래하니 주의해야 한다.

Part. 3

더 나은 자본주의를 위해

PHILIP KOTLER
MY ADVENTURE IN MARKETING

Chapter. 22

비영리조직

사기업이 하지 않는 일에서의 성과

 내 어머니 베티 코틀러 여사는 50대에 한 지역병원에서 자원봉사를 시작하셨다. 병원장은 어머니에게 상품매장 운영 일을 맡겼다. 그때부터 어머니는 의사와 간호사, 환자들을 만나고 방문객들에게 꽃이나 사탕, 신문 등 잡다한 물건을 팔면서 30년의 세월을 보내셨다.
 나는 어머니가 보수도 받지 않고 좋은 일에 시간을 바치면서 얼마나 만족하셨는지를 똑똑히 봤다. 어머니가 계셨던 병원은 비영리병원이었다. 나는 어머니 덕분에 자원봉사활동에 눈을 뜨게 되었다. 게다가 셀 수 없이 많은 비영리단체, 이를테면 학교, 대

내 어머니 베티 코틀러

학, 박물관, 극장, 교회, 보이스카우트와 걸스카우트, YMCA 같은 자선사회복지기관, 미국 암 학회American Cancer Society나 미국 심장 협회American Heart Association 같은 보건 복지기관 등에 깊은 관심을 가지게 되었다. 이런 조직들은 수많은 영리적 사기업들과 거대 정부 섹터sector 사이에서 별개의 중요한 섹터를 차지하고 있다.

나는 사기업이 하지 않는 일, 사회에 필요한 모든 일을 정부가 맡아야 하지 않을까 하고 평소 생각하곤 했다. 사실 이는 미국보다는 유럽의 실정에 더 맞는 이야기이다. 유럽 국가들의 경우, 정부 세율이 매우 높아서 무상 의료 및 무상 교육 비용을 충당할 수 있는 것은 물론 미국의 비영리단체들(NPOs: 비정부 섹터, 즉 NGO와 혼용되는 개념)이 주로 담당하는 역할을 감당할 수 있다.

1970년대에 들어서 나는 비영리단체에 자문을 해주기 시작했다. 주로 어떻게 가격을 설정하고 어떤 서비스를 고안해야 하는지, 어떻게 정부와 민간기업, 개별 후원자들로부터 자금을 조달하는지에 대해 이야기했다. 또한 마케팅 전문가로서 조직 운영에 있어서 비즈니스 관점을 견지하라고 그들에게 조언해주었다. 그러다 보니 문제가 심각하다는 것을 알았다! 이런 조직에서 활동하는 사람들은 자신들이 사업가가 아니라고 말하는 것이다. 그들의 머릿속에는 비즈니스라는 말이 금기어처럼 박혀 있는 것 같다. 몇몇 사람들은 사업 경력을 쌓고 싶은 마음보다 이로운 일을 하고 싶어서 비영리조직에 들어왔다고 말했다! 마케팅, 조달, 재무 등 사업의 기능적 문제에 귀를 닫은 것이다.

이런 현실에도 불구하고 나는 비영리단체에 비즈니스 사고방식을 정착시키겠다는 목표를 세웠다. 이런 비영리단체들이 만족스러운 성과를 얻으려면, 전략과 계획을 수립하고 비즈니스를 수행하기 위한 여러 도구가 필요했다. 이에 1975년 비영리단체 경영에 관한 최초의 교본이라고 할 만한 『비영리단체를 위한 마케팅Marketing for Nonprofit Organizations』을 펴냈다. 비영리단체라는 용어도 낯선 시절이었다. 병원, 학교, 교회 등 각 유형의 단체는 저마다 세상에서 개별적인 조직이라는 인식이 강했다. 이런 상황에서 내 책은 꽤 인기를 끌었고, 1982년에 2판이 출간되었다. 이후 조지타운 대학의 앨런 안드레아슨Alan Adreasen 교수를 초빙하여 이 책의 3판과 이후의 판을 함께 썼다. 이 책은 현재 7판까지 출간되었다.

『비영리단체를 위한 마케팅』, 2판(1982년)

한편 피터 드러커는 1990년 『비영리단체의 경영』을 썼다. 당시 피터와 비영리섹터를 두고 토론했던 일이 주마등처럼 뇌리를 스쳐 지나간다. 이 분야의 광팬이었던 피터는 병원, 교회, 관현악단 등 다양한 유형의 비영리단체에 관해 저술했다. 그가 관현악단을 모든 조직 운영에 관한 훌륭한 메타포로 활용했다는 점이 인상에 깊이 남았다. 악단 구성원들은 각자의 악기를 능숙히 다루면서 나름의 역할을 수행해나갈 뿐 아니라 다른 구성원들과 서로 조화를 이뤄 아름다운 화음을 만들어내지 않는가.

1982년쯤 나는 소기의 성과를 달성했다. 내 책이 잘 팔려서 경영 전공 학생들에게 소개된 것이다. 하지만 내 책은 특정한 유형의 비영리단체들에 대해 깊이 있는 분석이 이루어지지 않았다. 비영리단체들은 유형에 따라 저마다 분명한 특성과 임무를 가지고 있다. 이와 같은 비영리단체의 다양한 특성을 책 한 권에 다 담기에는 무리가 있었다. 그래서 장시간을 투자하겠다는 각오로 주요 비영리단체들을 연구하여 분야별로 별도의 지침서를 쓰기로 했다. 1985년에 시작하여 학교 및 대학, 의료기관, 사회 자선단체, 종교단체, 공연예술단체, 박물관 이렇게 여섯 섹터에 관한 책을 펴냈다.

다양한 유형의 비영리단체를 두고 길고도 만족스러운 연구 기간을 거치고 나니 하나의 깨달음에 이르렀다. 정부라고 하는 거대한 섹터, 제3섹터를 소홀히 다뤘던 것이다. 정부기관은 직원들을 '공공의 하인'으로서 훈련시켜야 한다. 그래서 그들이 '시민들을 만족시키는 일'을 본분으로 삼도록 해야 한다. 시민들은 편안하고 쉬운 민원처리 서비스를 받아야 하건만, 중앙정부와 지방정부, 주정부, 시정부는 하나같이 그런 면에서 철학이 부족하다. 이런 이유 때문에 나는 정부 마케팅에 연구의 초점을 맞추게 되었다.

Chapter. 23

정부와 지역

소비자 지향적 사고로 서비스를 개선하다

앞서 말했듯 나는 비영리조직의 마케팅을 다루는 과정에서 시정부부터 주정부, 중앙정부까지 정부의 서비스를 개선하기 위한 마케팅 연구에 깊은 관심을 가지게 되었다.

  2~3년 전이었나. 운전면허를 갱신하려고 시카고 자동차면허사무소를 찾아갔다. 면허를 갱신하려면, 직원이 동승한 차로 주행을 해서 안전운전에 문제가 없다는 증명을 받아야 했다. 그런데 주위를 둘러보니 200명이 넘는 사람들이 줄을 서서 차례를 기다리고 있었다. 고작 주행시험 한 번에 하루를 다 잡아먹을 판이었다. 새로운 여권을 발급받으려고 정부기관을 찾았을 때도 사정

은 별반 다르지 않았다. (여권이 도착하기까지 한 달은 걸릴 판이었다.) 세금 문제로 국세청 담당자를 만나는 데도 몇 주가 걸렸다.

거래를 확보하려고 경쟁하는 비영리조직도 과연 이렇게 부실한 서비스를 제공할까? 정부의 민원 서비스를 받을 때마다 이런 생각을 지울 수 없었다. 각각의 정부기관이 독점기업과 같고 우리가 그런 곳의 서비스를 받아야 한다는 점이 문제였다. 공무원들이 교육을 제대로 받지 않은 경우도 있고, 자질 있는 직원을 고용하기에 재원이 부족한 경우도 있다.

그래서 공무원들을 제대로 교육시키고 정부에 적절한 재원을 제공한다면, 더 나은 서비스를 받을 수 있지 않을까 생각해보았다. 그런데 반드시 그렇지만은 않다. 먼저 공무원들에게 '소비자 지향적 사고'를 심어주고 '기업 교육'을 실시하는 것이 무엇보다도 중요하다. 그래야 그들이 서비스 기준을 높이고 그들의 서비스에 대한 고객 만족도를 조사하고 향상시키지 않겠는가.

어떤 점에서 다른 여러 나라의 심각한 실태를 보고 그래도 다행이라는 생각이 들기도 한다. 가장 심각한 경우, '뇌물'을 주지 않으면 공무원들이 일을 제때 처리해주지 않는 나라들도 있다. 이런 나라에서는 시민들이 세금을 내는 것은 물론이고 정부로부터 당연히 받아야 할 서비스에 대해 또 돈을 지불해야 한다.

정부기관들이 대부분 간과하고 있는 것들 중 또 하나는 혁신적인 사고능력이다. 새로운 정보시대를 맞이한 지금, 복잡한 관행과 절차는 개선되어야 한다. 차량 번호판 교체 서비스를 해주는 자동차 사무소에서 이런 변화를 목격했다. 과거에만 해도 매년 자동차 사무소가 보내주는 관련 서식을 채운 다음 그것을 다시 보내야 다음해에 쓸 금속 번호판을 받을 수 있었다. 관련 서식을 보낸 뒤 새로운 번호판을 받기까지는 다시 몇 주가 걸렸다. 번호판을 받고 나서도 자동차 앞뒤에 붙어 있는 번호판을 떼어낸 다음 새로운 번호판을 붙여야 했다. 일일이 나사를 풀었다가 조이는 것도 참 성가신 일이었다.

그러다가 어느 명석한 사람이 번호판을 매년 교체할 필요가 없다는 의견을 제시했다. 기존 번호판을 계속 사용하되 매년 요금을 내고 스티커를 발부받아 번호판 모서리에 붙이면 된다는 말이었다. 그렇게 하면 정부가 매년 금속 번호판 제작에 들이는 비용을 절약할 수 있고, 시민들은 번호판을 교체하겠다고 나사를 풀었다 조이는 수고를 덜 수 있었다. 단 하나의 번호판으로도 충분하다는 인식이 생겼다는 것 또한 혁신이었다.

이 이외에도 혁신적인 아이디어와 효율적인 관리로 여러 정부 서비스를 개선할 수 있다. 나는 이 주제를 함께 연구해보자고 낸시 리에게 제안했다. 이후 우리의 연구결과물로 2006년 『필립 코틀러의 퍼블릭 마케팅Marketing in the Public Sector: a Roadmap for Improved Performance』을 출간했다. 이 책은 공공기관을 위한 경영 교과서로 공익 마케팅에 필요한 이론과 실무지식을 담고 있다.

개선된 서비스를 제공하는 일 외에 정부기관들은 또 다른 난제에 직면하게 된다. 그 난제는 현지에 효과적인 방법으로 사업체

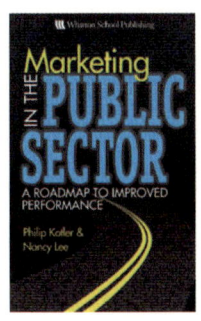

「필립 코틀러의 퍼블릭 마케팅」

와 공장을 설치하고 우수인력은 물론 관광객과 방문객을 유치하는 것이다. 이를 위해 '장소 마케팅' 기술을 습득해야 한다. 도시의 경우에는 현지에 다양한 집단을 끌어들이기 위해 별도의 마케팅 계획을 마련해야 한다.

이런 내용을 주제로 1993년 어빙 레인, 도널드 헤이더와 함께 『장소 마케팅: 도시와 주, 국가에 투자, 산업, 관광을 끌어오는 법』을 썼다. 이 책은 호응이 괜찮았지만 미국의 사례를 중심으로 했기에 나중에 외국인 동료들과 함께 여러 국가의 도시들에 해당하는 내용으로 수정했다. 이후로도 유럽, 아시아, 남아메리카와 관련하여 개정판이 출간되었다.

이 책을 계기로 국가 마케팅이 도시 마케팅과는 상당히 다르다는 점을 알게 되었다. 국가의 경우, 역사와 문화, 철학을 토대로 브랜드 이미지를 전달한다. 이런 점에서 국가의 이미지를 점검하고, 국가적 목표를 달성하는 데 현재의 이미지가 도움이 되

『장소 마케팅』

는지 해가 되는지 가려야 한다. '원산지' 관련 연구결과를 보면, 국가가 다양한 시장에서 경쟁할 때 그 이미지가 얼마나 중요한지 알 수 있다. 예컨대 독일에서 신차가 생산되었다는 소식이 들리면 사람들은 대개 그 차의 성능이 탁월할 것이라고 생각할 것이다. 그렇지만 예맨 현지의 자동차 회사가 신차를 출시했다고 하면, 그 차가 보통 이하 수준이라고 생각할 것이다. 때문에 현재 국가의 이미지가 상품의 용인 가능성에 어떻게 도움이 되거나 해가 되는지 파악해야 한다.

많은 국가들이 그 이미지를 새롭게 창출할 필요가 있다. 리브랜딩rebranding은 그럴싸하게 꾸민 말과 멋들어진 사진만으로 되는 일이 아니다. 낡은 방식을 완전히 뜯어 고치고 국가 이미지의 신뢰성과 효과성을 높이기 위한 투자를 해야 한다. 이 난제를 해결하고자 나를 멘토로 삼은 솜키드 자투스리피탁Somkid Jatusripitak, 경제학자이자 정치가, 태국 전 총리, 수빗 메신세Suvit Maesincee,

왼쪽부터 솜키드 자투스리피탁, 나, 수빗 메신세

태국 출라롱콘 대학 마케팅 교수와 함께 연구를 진행했다. 그 결과로 『국가 마케팅The Marketing of Nations: A Strategic Approach to Building National Wealth』이 탄생했다.

그런데 오늘날 국가와 그 주요 도시들, 이 둘의 관계에 주목할 만한 변화가 일어나고 있다. 역사적으로 국가는 전략적 지침과 시설을 제공하고 도시들은 그것을 따른다. 이와 같이 미국은 연방정부 아래 50개 주, 또 그 아래에 도시들을 갖고 있는 체계이다. 연방정부가 세금을 걷어 주정부에 재원을 할당하면, 다시 주정부는 필요에 따라, 혹은 입찰로, 혹은 정치적 근거를 가지고 도시들에 재원을 배분한다. 이런 상황에서 연방정부와 주정부가 할당하는 재원이 도시의 성장에 중요한 변수로 작용한다.

그런데 오늘날 연방정부와 주정부 사이의 관계가 뒤집히고 있다. 2008년 금융위기의 여파로 연방정부와 주정부는 파산위기에

몰렸다. 또한 공화당과 민주당의 정치적 교착상태로 인해 연방정부가 국가적 문제를 해결하는 데에 어려움을 겪고 있다. 이에 미국의 많은 도시들이 주도적으로 움직이기 시작했다. 자체적인 목표와 목적을 마련하고 나름대로 미래에 대비하는가 하면, 해외로 눈을 돌려 공장과 사업체를 유치하고 중국 같은 유망한 국가들로부터 해외직접투자를 유치하고 있다. 그와 동시에 기업들뿐 아니라 숙련된 노동자들을 끌어오기 위해 삶의 질을 높이려는 노력 중이다. 곧 미국의 주요 도시들이 고대 도시국가처럼 되어 국가가 도시들을 움직이는 게 아니라 도시들이 국가를 움직이는 모습을 보게 될 것이다.

Chapter. 24

부패

뇌물은 자본주의의 필연인가

어느 분야에나 관계자들이 입으로 꺼내길 꺼리거나 일부러 묻어두는 어두운 면이 있다. 예컨대 정치학 관련 도서를 보면, 정치인들에게 막강한 영향력을 행사하는 특별한 이익단체나 로비스트는 거의 언급되지 않는다. 역사서들을 보더라도 특정인이나 사건에 대한 사실을 공개하지 않는 경우가 많다. 만일 다 공개한다면 우리가 일반적으로 알고 있는 사실이 뒤바뀔 수 있는 일이다. 예컨대 노예제도 반대론자였던 토머스 제퍼슨Thomas Jefferson이 노예를 소유한 것은 물론 자신의 노예 사이에서 사생아를 낳았다는 이야기는 미국의 역사서 그 어디에도 나오지 않는다. 과학서도 마찬가지다. 설득력이 없거나 꾸며낸 연구에 대한 사례, 표절로 널리 알려진 연구결과에 대해서는 전혀 언급하지 않는다.

마케팅 분야에도 또한 어두운 면이 존재한다. 록히드 항공기 Lockheed Aircraft가 전투기 입찰에 성공한 이유가 경쟁사들보다 더 높은 가치를 제공했기 때문이라고 믿고 싶을지 모르겠다. 하지만 나중에 밝혀졌듯이 록히드 항공사는 전투기를 납품하기 위해 일본 정계에 거액의 뇌물을 바쳤다.

뇌물수수 관행이 전 세계에 널리 퍼져 있지만, 그간에 내 저서 어디에서도 그에 관한 내용을 한 줄도 다룬 적이 없었다. 왜일까? 나는 분명히 고객에게 뇌물을 주는 일에 찬성하지 않는다. 거래를 따내기 위해 뇌물을 얼마나 바쳐야 하는지 기업에 자문하고 싶은 생각도 없다. 그저 경영대학원 학생들에게 그들의 경쟁자들 중 한두 사람이 그런 짓을 하고 있을지 모른다는 것, 당국에 이 사실을 알리거나 그들이 입찰에서 빠지도록 해야 한다는 것을 알려주고 싶을 뿐이다.

런던 경영대학원의 교수였던 친구가 뇌물수수 관행이 널리 퍼져 있다는 사실을 공개한 적이 있었다. 친구는 자신의 경영자 수업에서 데이터를 수집하기로 했다. 우선 저녁 수업에 참여한 경영자들에게 계약을 성사시키기 위해 뇌물을 준 적이 있으면 손을 들어보라고 말했다. 그러자 아무도 손을 들지 않았다. 그다음에는 돌려서 질문했다. "뇌물을 사용하는 경쟁업체를 한 곳 이상 알고 있는 분은 손을 들어보세요." 그러자 거의 모두가 손을 들었다. 첫 번째 질문에 같은 회사의 경영자들이 모두 손을 들지 않았다는 사실이 흥미로웠다.

친구는 거기서 더 나아갔다. 경쟁업체들이 뇌물을 사용하는 방법을 익명으로 설명해달라고 경영자들에게 말했다. 친구는 특정한 회사의 이름이나 수업에 참여한 경영자의 이름이 공개되길 원하지 않았다. 어떤 상황에서 뇌물이 어떻게 전달되는지 알고 싶었을 뿐이다. 친구는 수년에 걸쳐 수백 건의 사례를 수집했다. 이어서 수집한 데이터를 토대로 뇌물수수의 유형을 체계적으로 정리했는가 하면, 뇌물을 주는 최적의 방법이라든가 이론상 제공할 만한 뇌물의 적정한 규모까지 찾아냈다. 친구는 자신의 연구 결과물을 책으로 발간하려던 차에 그 사실을 아내에게 이야기했다. 그러자 친구의 아내는 얼굴이 사색이 되어 그를 뜯어 말렸다. 만약 책을 낸다면 금세 소문이 퍼질 것이고, 질 나쁜 사람들이 가장 효과적인 뇌물수수 방법을 알아내려고 그에게 몰려들지도 몰랐다. 친구는 결국 책이나 논문을 쓰지 않기로 했다. 연구 자료는 모두 눈에 띄지 않는 곳에 숨겨두거나 파기해버렸다.

여기에서 주목해야 할 끔찍한 사실은 뇌물수수 관행이 너무나 광범위하게 퍼져 있다는 점이다. 때문에 해외로 진출하고자 하는 기업이라면, 국제 투명성 기구 Transparency International, 국제적, 국가적 부패를 억제하기 위해 설립된 비정부기구. 매년 부패지수를 발표한다의 자문을 받고 해당 국가의 부패지수를 확인해야 한다. 부패지수가 가장 높은 국가들은 주로 아프리카, 아시아, 남아메리카에 속해 있다. 그러

'은행비밀법'으로 미국 정부와 마찰을 빚은 스위스의 UBS건물

나 과거 독일처럼 상대적으로 청렴했던 국가도 기업들이 사업 차 사용한 뇌물액수를 장부에서 지우는 것을 용인해주었다.

사실 진흙탕에 발을 담그면서까지 계약을 따내거나 실적을 올리려 하는 기업은 거의 없다. 문제는 경쟁업체가 뇌물을 사용한다는 사실을 알았을 때 그들처럼 뇌물을 사용하거나 사실을 공개해야 한다는 것이다. 그게 아니면 거래를 포기하든가 해야 한다.

우리는 알고 있다. 뇌물수수 관행으로 인해 엄청난 사회적 비용이 소모되고 있다. 자원이 부적절하게 할당되며, 가치 있고 효율적인 사업이 빛을 보지 못하기도 한다.

이와 관련하여 인도 출신의 한 친구가 경험담을 들려주었다. 친구는 부동산을 아들 명의로 바꾸려고 관련 기관을 찾았다고 했다. 이런 민원은 보통 10분 정도면 처리되고 비용은 100루피rupee, 즉 2달러가 채 안 드는 일이었다. 그런데 해당 기관의 관료가 황당한 말을 꺼냈다. 그 관료는 일을 처리하는 대가로 5000루피를 달라는 것이었다. 이에 친구는 관료에게 이유를 물었더니 관료는 박봉이라 어쩔 수 없다고 했다. 그러나 친구는 그의 요구를 거절하고(그럴 가치가 없었기 때문에), 높은 자리에 있는 지인의 도움을 받아서 정상 비용으로 일을 처리했다.

친구는 거액의 금품을 숨겨뒀다가 발각된 인도의 한 장관 이야기를 들려주었다. 장관의 서랍에서 그의 월급으로는 도저히 모을 수 없는 액수의 금품이 나왔다고 한다. 여기에서 그가 보였던 반응이 인상 깊다. "왜 나만 가지고 그래!" 그는 소리쳤다. 정부 요직에 있으면서 뒷돈을 챙기지 않는 사람은 없다는 이야기였다. "왜 나만 붙잡고 그러는 거야!"

국가들은 부패척결에 있어서는 대체로 무능했다. 미국은 1977년 해외부패방지법Foreign Corrupt Practices Act을 통과시킴으로서 매우 적극적인 조치를 취했다. 그때부터 뇌물 주는 행위를 범죄로 간주하여 사법 처리하고 있다. 미국 기업들은 전반적으로 이 법의 테두리 안에서는 윤리적으로 행동해왔다. 기업들 중에는 뇌물 관행이 있는 지역에서 아예 발을 떼거나 문제가 생길 빌미를 만들지 않는 곳들도 있었다. 경찰과 사법당국의 노력은 현재 '검은 돈'의 집합소인 스위스와 카리브해 지역 은행들로 향하고 있다. 그래도 좋은 소식이 있다면, 여러 스위스 은행들이 비밀계좌에 예치된 금액에 대해 세금을 내기로 했다는 것이다.

Chapter. 25

사회적 책임

이기주의를 버려야 성장할 수 있다

마케팅 전문가로서의 내 역할은 기업들이 양질의 상품과 서비스를 생산하여 효과적으로 판매하도록 돕는 일이다. 하지만 상품을 생산하고 유통시키는 기업의 활동이 환경에 어떠한 영향을 미치는지에도 조금씩 관심을 가져왔다. 그러했기에 영국 낭만파 시인 윌리엄 워즈워스William Wordsworth의 시는 내게 깊은 의미로 다가왔다. '세상은 우리에게 너무하다. 우리는 밤낮으로 벌고 쓰는 데 우리의 힘을 탕진해버린다. 우리의 것인 자연에서 우리는 보는 것이 거의 없다······.'

1972년 메도즈Meadows 부부(데니스 L. 메도즈, 도넬라 L. 메도즈)가 쓴

『성장의 한계』

『성장의 한계 The Limits to Growth』라는 책도 많은 것을 생각하게 해주었다. 이 책은 컴퓨터 시뮬레이션 모형인 '월드 3'으로 미래를 예측하고 지구가 지속될 수 있게 하는 방법을 제시했다. 당시 메도즈 부부는 경제성장, 자원고갈, 인구성장 추세가 지속될 경우 환경이 심각하게 오염되고 핵심 자원이 고갈되어 지구가 성장의 한계에 직면할 것이라고 주장했다. 이와 같은 한계 초과는 그 자체로 물가 상승을 의미했다. 그런데 내 친구이자 경제학자인 줄리안 사이먼 Julian Simon은 그것이 터무니없는 이야기라고 생각했다. 줄리안은 물가가 상승하는 일은 없을 것이라며 메도즈 부부의 주장에 이의를 제기했다. 결국 우려했던 일은 일어나지 않았고 줄리안이 내기에서 승리했다.

그렇기는 하지만 마케팅 전문가들이 사회적 책임을 져야 한다는 생각을 지울 수 없었다. 마케팅 전문가라면, 자신의 활동이 지구의 자원과 환경에 미치는 영향을 두고 더욱 책임지는 자세를 보여야 한다. 나는 거기서 더 나아갔다. 기업들이 사회로부터 혜택을 받은 만큼 사회에 돌려줘야 한다고 생각했다. 그러면서 기업의 사회적 책임이라는 명제에 관심을 가지게 되었다.

그렇다면 상장 기업은 자선 기부를 해야 한다는 의무감을 가져야 할까? 우리가 알다시피, 비상장기업은 자선단체를 후원하고 사업을 이용하여 기증품을 만들려고 할지 모른다. 이것은 그들의 권한이다. 하지만 상장 기업은 주주 소유의 자금을 받아야 하고 후원할 자선단체도 선정해야 할 것이다. 또한 그 과정에 참여하지 않은 직원들이 불만을 표시할 수도 있다. 어쩌면 자선단체에 후원할 돈으로 월급을 더 올려주길 바랄지도 모른다.

노벨 경제학상 수상자이자 내게 자유시장 경제를 가르쳐준 밀턴 프리드먼 교수는 기업의 자선활동에 강하게 반대했다. 그는 이렇게 강조했다. "기업은 사회에 대한 단 하나의 책임을 진다. 즉 게임의 규칙 안에서 사기나 부정 없이 자유경쟁을 하는 한 재원을 활용하여 이윤을 증가시키는 활동에 전념하는 것이다." 기업은 위험을 무릅쓰고 자본을 투자한 주주들을 위해 이윤을 극대화해야 한다는 것이 그의 생각이었다. 자선활동의 여부와 자선단체 선정, 후원금액 결정은 주주들이 개인적으로 판단해야 한다는 말이다. 또한 그의 주장에 따르면, 사회적 책임에 비용을 지출하다가는 R&D 등 경쟁력 제고에 투자하는 경쟁 기업들을 따라잡을 수 없다.

이런 자유시장 경제 이론은 과거의 기업들 사이에서 매우 유행

노벨경제학자 밀턴 프리드먼

했지만, 지금은 설득력을 잃어가고 있다. 오늘날 사회적으로 좋은 일에 비용을 지출하는 기업이 늘어나고 있다. 이런 현상을 뒷받침하는 근거는 무엇일까?

근거를 세 가지나 들 수 있다. 첫째, 기업들은 도로와 다리, 항만 같은 인프라를 이윤 증대의 기회로 활용하는 등 사회로부터 많은 혜택을 얻었다. 그래서 기업들은 받은 만큼 사회에 돌려줘야 한다. 둘째, CSR Corporate Social Responsibility, 기업의 사회적 책임은 사회의 훌륭한 일원으로서 기업의 평판을 높이는 데 도움이 된다. 이로 인해 고객이 늘어나고 직원들의 충성도가 높아진다. 셋째, 기업이란 이윤만 추구하고 부의 축적에만 관심을 가지는 집단이라고 널리 인식되고 있다. 기업이 사회적 책임을 다하면 이런 부정적인 이미지를 상쇄시킬 수 있다.

『착한 기업이 성공한다』

　이 이외에 도덕적 책무라고 하는 더 중요한 근거가 있다. 버지니아 대학의 경영학부 교수 R. 에드워드 프리먼R. Edward Freeman이 이 점을 명확히 했다. 그는 이런 말을 했다. "우리가 어떻게 하면 이 사회를 주주의 부를 쌓는 의무를 다하면서도 사회에 봉사하는 수단으로 만들까? 이 나라는 물질주의와 자기중심주의에 푹 빠져 있다. 기업들에게도 영혼이 필요하다."

　사회에 기여하겠다고 결심한 기업은 어느 분야에서 사회참여 사업을 할지 정해야 한다. 하나의 방법이 있다면 공동체 사회, 그리고 공급업자와 유통업자 등 다른 이해관계자들이 요구하는 공익적 일을 물색하는 것이다. 기업이 의미 있는 일을 찾아서 직접 후원을 이끌어내는 방법도 있다. 예컨대 글로벌 화장품 브랜드 에이본Avon은 여성들에게 매우 중요한 이슈를 다뤘다. 유방암 연구 예방 치료를 위한 공공기금을 조성한 것이다. 이런 식으로 고객들이 대부분 관심을 가지는 문제에 적극 동참으로써 좋은 평판을 얻었다.

나는 기업들의 자선활동을 집중 연구해보는 방향으로 생각을 굳혔다. 이에 낸시 리와 함께 잘 알려진 기업 25곳(IBM, 존슨앤존슨, 마이크로소프트, 아메리칸익스프레스, 스타벅스, 밴엔제리, 팀버랜드, 맥도날드, 모토롤라, 휴렛패커드 등)을 대상으로 인터뷰를 진행했다. 이들에게 다음과 같이 여러 질문을 던졌다.

- 어떤 동기로 자선활동에 참여하게 되었습니까?
- 기증품의 영향력을 어떻게 평가하십니까? 후원받는 쪽에 얼마나 좋은 일이 될까요?
- 나눔을 베풀면 회사의 평판이 얼마나 좋아질 것 같나요? 기존 고객의 충성도가 높아지고 신규고객이 늘어날까요?

낸시와 나는 이렇게 연구한 결과를 『착한 기업이 성공한다 Corporate Social Responsibility: Doing the Most Good for Your Company and Your cause』에 담아 발표했다. 이 책에서 크래프트(비만 방지), GM(교통안전), 리바이스(에이즈 예방), 모토롤라(고형 폐기물 감량), 셸(수질오염 방지), 스타벅스(열대우림 보호) 등 기업들의 사회공헌활동 사례를 소개했다.

기업들은 대부분 기부 수혜자들이 어떤 혜택을 누리는지 면밀히 따져본다. 그런데 기업에 돌아오는 혜택을 평가하는 것은 그보다 한층 더 어려운 일이다. (고객의 충성도 강화와 직원들의 성과 향상이

TOMS SHOES FOR TOMORROW

'내일을 위한 신발'이라는 슬로건으로 사회적 책임에 앞서는 탐스 슈즈

라는 측면에서 평가하는 것은 여간 어려운 일이 아니다.) 왜냐하면 회사의 평판에는 수많은 변수가 영향을 미치기 때문이다. 결국 나눔을 실천한다는 데 충분한 이유가 있으며 돈벌이를 잣대로 삼아서는 안 된다는 말이 나올 법도 하다.

얼마 전 CSR에 대한 연구결과를 두 명의 공동 저자와 함께『필립 코틀러의 굿워크 전략: 세상과 소비자의 마음을 움직이고, 함께 성장하라! Good Works! Marketing and Corporate Initiatives that Build a Better World…and the Bottom Line』에 담아 출간했다. 이 책에서 착한 일도 하고 성과도 올릴 수 있는 여섯 가지 사회참여 사업(공익 캠페인, 공익연계 마케팅, 기업의 사회 마케팅, 기업의 사회공헌 활동, 지역사회 자원

『필립 코틀러의 굿워크 전략』

봉사, 사회책임 경영 프랙티스)을 소개했다. 한편 최근 출간한『필립 코틀러 어떻게 성장할 것인가: 2013-2023 저성장 경제의 시장 전략』에서는 7장을 할애하여 CSR을 8가지 시장 전략 중 하나로 활용하는 법을 설명했다.

Chapter. 26

대안

깨어 있는 자본주의 운동

윈스턴 처칠Winston Churchill은 민주주의를 이렇게 평가했다. "지금까지 시도됐던 다른 형태의 모든 정치체제를 제외하고서 민주주의는 최악의 정치체제라고 일컬어진다."

  자본주의도 이런 식으로 방어할 수 있다고 나는 확신한다. 즉 자본주의는 나름의 문제점들을 안고 있지만, 지금까지 시도됐던 다른 경제체제들보다는 낫다는 말이다. 자본주의에 대해서도 비판과 논쟁이 끊이질 않는다. 다수의 비평가들이 자본주의가 물질주의와 탐욕, 금전적 사리사욕에 근거하고 있으며 이 세 가지 힘이 '공동체'를 훼손할 것이라고 주장한다. 이런 관점에서 미국 자본주의의 가장 큰 결점을 다음 아홉 가지로 정리할 수 있다.

1. 빈곤 문제에 대한 해법이 늘 부실하다.
2. 기업들의 활동에 대한 사회적 비용을 제대로 부과하지 못한다.
3. 단체교섭 없이 노동자들을 부당 대우할 수 있다.
4. 규제 없이 천연자원을 부당 이용할 수 있다.
5. 시민들을 분수에 넘는 과소비를 유도할 수 있는 주요 소비자로 바라본다.
6. 소득과 부의 불평등이 매우 심각하다.
7. 공동체에 개인주의를 강화시킨다.
8. 탐욕 + 재정의 독창성 + 물질주의를 부추긴다.
9. 주기적인 경기순환과 경제적 불안을 일으킨다.

하지만 공산주의가 공동체주의와 평등을 실현하는 대안 체제로 등장했을 때, 전 세계 곳곳에 심각한 불행의 씨앗이 뿌려졌다. 1920년대에서 1980년대에 이르는 기간 동안 공산주의로 인해 수백만 명이 희생되었고 수십여 국가의 경제가 퇴보했다.

또한 냉전시대를 거치면서 자본주의가 공산주의에 승리를 거둔 이래 아이러니하게도 러시아와 중국이 경제체제 원칙으로 자본주의를 선택하기에 이르렀다. 지금은 자본주의가 잘 돌아가면 생산성과 삶의 질이 높아진다는 점에 폭넓은 합의가 이루어졌다.

그럼에도 자본주의보다 더 나은 체제를 찾아야 한다는 요구가 끊이질 않고 있다. '사회주의' 또는 '사회민주주의' 같은 '중도주의'가 제안되기도 한다. 이런 체제에서는 사유재산이 허용되고 기업들이 다양한 규제와 사회 규범 아래에서 이윤을 추구한다. 또한 정부가 공공의 이익(국방, 전력, 공공 인프라, 폐기물 관리 등)을 위해 일부 산업을 운영하고, 사적인 소득에 충분한 세금을 부과하여 사실상의 '무상' 교육과 의료를 위한 재원을 조성한다. 스칸디나비아(북유럽) 국가들을 보면, 사회주의와 민주주의의 결합이 가능하다는 것을 알 수 있다. 북유럽 국가들은 비평가들이 우려한 소위 '위험한 비탈길', 즉 권위주의나 전제정치로 미끄러지는 위험을 잘 피했다.

최근 학계와 기업계 일각에서 '깨어 있는 자본주의Conscious Capitalism' 운동, 즉 자본주의의 각성을 촉구하자는 움직임이 일어났다. 처음 이 용어를 접했을 때만 해도 보통의 자본주의가 '깨어 있지 않다는' 말인지 그 의미가 무엇인지 아리송했다. 왜 이 새로운 운동에 '책임 있는 자본주의'라거나 '자본주의 개혁'이라는 식의 용어를 붙이지 않았을까?

이 운동을 처음 시작한 사람은 누구일까? 이 운동의 원칙은 무엇일까? 학계에서는 벤틀리 대학 마케팅 교수인 라젠드라 시소디어Rajendra Sisodia가, 기업계에서는 유기농 자연식품 대형판매점 홀푸드마켓Whole Foods Market의 공동설립자 존 매키John Macky가 '깨어 있는 자본주의' 운동을 주도했다. 사우스웨스트항공, 코스트코Costco, 구글, 파타고니아Patagonia, 컨테이너스토어The

깨어 있는 자본주의 운동을 주도한 홀푸드마켓

Container Store, UPSUnited Parcel Service, 미국 국제적 운송업체, 주아 드 비브르 호텔Joie de Vivre hotels 등 수십여 개 기업들도 이 운동에 동참했다. 이 기업들은 모두 자본주의 체제에서 성공을 거두었다. 또한 이들은 개화된 형태의 자본주의를 따르고 있는데, 겉으로만 '사회적 기업'인 체하지 않고 사회적으로 책임을 지는 방식으로 이윤을 추구하고 있다. 시소디어와 매키는 최근에 함께 쓴 책 『돈, 착하게 벌 수는 없는가: 깨어 있는 자본주의에서 답을 찾다Conscious Capitalism: Liberating the Heroic Spirit of Business』에서 이들의 경영 방식을 구체적으로 소개했다.

시소디어와 매키에 따르면, 깨어 있는 자본주의는 네 가지 신

『돈, 착하게 벌 수는 없는가』

조로 이루어진다.

- **첫 번째 신조: 높은 차원의 목적**

  수익 창출을 넘어 높은 차원의 목적으로 소유주와 종업원, 중간 유통업자, 고객들을 고무시킬 때 성공의 길로 나아갈 수 있다. 이에 기업을 위한 높은 차원의 목적과 의미를 부여하는 것이 경영진의 임무이다. 전 세계 기아 종식에 기여하겠다는 목표를 세운 농업회사, 식품의 영양지수를 높이기 위해 노력하는 식품회사가 좋은 예이다.

- **두 번째 신조: 이해관계자 통합**

  사업에 기여하는 다양한 이해관계자들 사이에 모두가 한 팀이라는 의식이 퍼져야 한다. 또한 고객, 직원, 유통업자, 공급업자, 지역 공동체, 환경 등이 조화를 이루고 높은 차원의 목적에 헌신하면서 동등한 혜택을 받아야 한다. 또한 모든 이해관계자들의 성과를 개선하기 위해 함께 노력하고 머리를 짜내야 한다. 이런 점에서 투자자들은 그들의 생태계에 속한 협력자들을 마치 '자원'을 다루듯 부당하게 다루는 일을 더 이상 하지 말아야 한다. 이해관계자들 간의 통합이 이루어짐으로써 모든 이들의 만족도가 높아지며 해묵은 이윤지상주의에 맞서게 된다.

- 세 번째 신조: 깨어 있는 리더십

깨어 있는 자본주의의 리더는 조직의 목표를 위해 봉사하고 주주와 직원, 유통업자 등 모든 이해관계자들을 위해 일한다. 또한 갈등과 상충에 쉽게 흔들릴지언정 궁극적으로 모든 이해관계자들에게 혜택이 돌아가고 모두가 수긍하는 해법을 찾아 나간다.

- 네 번째 신조: 깨어 있는 문화와 경영

혁신, 협업, 권한부여를 촉진하는 가치들이 기업을 이루는 기반이다. 여기에는 신뢰, 책임, 투명성, 정직, 평등주의, 사랑, 배려 등도 포함된다.

깨어 있는 자본주의 운동과 그 원칙이 지속될지, 갈수록 많은 비즈니스 리더들이 사고를 전환할지를 따지기에는 너무 이르다.

깨어 있는 자본주의를 따르는 기업들이 수익성 및 이해관계자들의 충성도 측면에서 경쟁 기업들보다 우위를 유지하는 한, 그들처럼 보다 높은 차원의 목적을 설정하는 기업들이 늘어날 것이다. 대규모 연례 콘퍼런스에서 마케팅 3.0이 어떻게 깨어 있는 자본주의와 맞아 떨어지는지에 대해 몇 차례 강연하는 행운을 누렸다. 그때마다 깨어 있는 자본주의 의식이 계속해서 자본주의의 발전에 기여할 것이라는 낙관적인 느낌이 들었다.

Chapter. 27

가난

저소득층 시장을 공략하라

진정한 마케팅은 고객을 섬기는 부분에 주안점을 두는데, 그간에는 전 세계 70억 명의 '고객들' 중 50억 명에 대해 간과해왔다. 지금까지 마케팅은 노동자 계층, 중산 계층, 부유층, 초부유층 등의 구미에 아주 잘 부응했지만, 이 계층의 집단들은 상위 20억 명에 속한 사람들일 뿐이다. 지금까지 마케팅은 전 세계 70억 명 중 20억 명에만 집중되어왔다.

미국 인구의 15퍼센트인 4650만 명이 빈곤에 시달리고 있다는 미국 인구조사국의 발표에 주목할 필요가 있다. 또한 미국 아이들 네 명 중 한 명이 빈곤으로 고통받고 있다고 한다. 마케팅에

C.K. 프라할라드, 『저소득층 시장을 공략하라』

서는 어떻게 저소득층에 무관심할 수 있을까? "저소득층은 돈이 없다"는 말은 마케팅에 대한 피상적인 변명에 불과하다. '경영학의 예언자'라 불리는 C.K. 프라할라드C.K. Prahalad가 『저소득층 시장을 공략하라The Fortune at the Bottom of the Pyramid』를 펴내기 전까지 우리는 그러한 사고방식에 찌들어 있었다. '저소득층'의 수중에 수십 억 달러가 있다'고 한 프라할라드 교수의 말을 곱씹어봐야 한다.

생각보다 저렴한 상품과 서비스로 저소득층을 공략하라고 프라할라드는 기업들에게 간청한다. 저소득층 소비자들이 코카콜라나 맥도날드 햄버거를 사먹을 형편이 안 된다 해도, 혁신적 아이디어를 발굴하여 그들에게 맞는 음료나 패스트푸드 아이템을 개발하면 된다. 사실 오늘날 기업들이 브랜딩, 광고, 패키징에 많은 비용을 쏟아붓는 탓에 일반 상품의 가격이 올라가는 것이 아닌가?

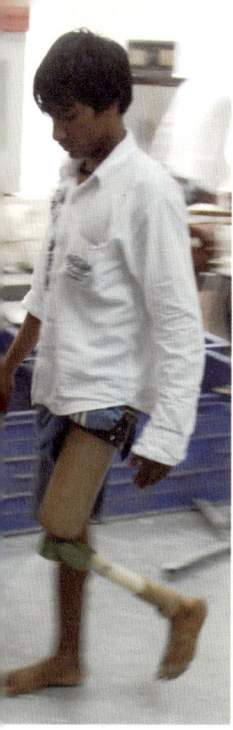  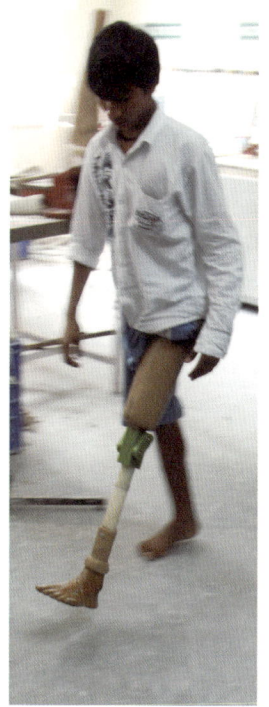 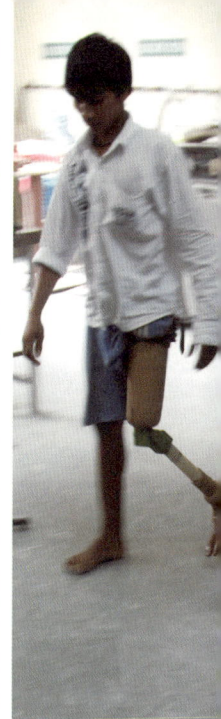

의족 가격을 혁신적으로 낮춘 자이푸르 풋의 착용 모습

　이런 상황에서 일부 대기업들은 이제 막 저소득층에 관심을 기울이기 시작했다. 유니레버의 자회사 힌두스탄 유니레버Hindustan Unilever는 병에 든 샴푸를 살 여유가 없는 인도 저소득층을 위해 샴푸를 작은 봉지('작은 용기')에 소량씩 담아 판매했다. 비누도 저소득층을 겨냥하여 작은 크기로 만들었다. (하지만 아이러니하게도 샴푸 30밀리미터당 가격이 일반 용기에 담은 제품에 비해 더 비쌌다.) 코카콜라는 시골지역에 정수 시스템을 설치하여 안전한 식수를 제공하고 섭취할 수 있도록 노력을 기울였다. 이런 유형의 기업들은 또한 보다 효율적인 공급 체인을 구축하여 외진 시골지역에

비제이 고빈다라잔, 「리버스 이노베이션」

제품을 공급하고, 그 과정에서 제품의 가격을 낮추려고 노력한다. 예컨대 코카콜라는 외진 지역에 제품을 공급해야 하는 여타의 공급자들에게 운송트럭의 공간을 할애해주기도 한다.

이 이외에도 여러 기업들이 저소득층을 겨냥하여 상품의 생산단가와 가격을 낮추고 있다. 대표적인 예로, 인도 아라빈드 안과병원Aravind Eye Care System은 가난한 환자들에게 무료로 수술을 해주면서 지속해서 이윤을 창출하고 있다. 그간에 3200만 명의 환자를 치료하고 400만 명에게 빛을 볼 수 있게 해준 이 병원은 5개 병원과 교육 시설, 연구 센터 등을 갖춘 세계 최대의 병원으로 성장했다. 대다수의 가난한 환자들에게 사실상 무료로 수술을 해주었음에도 정부의 원조나 기부단체의 후원을 받지 않고도 엄청난 소득을 올렸다.

또 다른 사례로, 인도에서는 상해나 절단사고로 다리를 잃은 사람들이 저렴한 비용으로 다시 걸을 수 있게 되었다. 2만 달러에 달했던 의족의 가격을 단 28달러로 떨어뜨린 주인공은 인도

『필립 코틀러의 사회 마케팅』

의 어느 기업가였다. 바로 이 '자이푸르 풋Jaipur foot'의 탄생을 가능케 한 것은 바로 기술 혁신이었다. 이제는 정부가 보조금을 지원하지 않아도 이웃들이 성금을 모아 가난한 사람들에게 의족을 지원할 수 있게 되었다.

앞으로 더 많은 사업가와 기업들, NGO, 정부가 저소득층의 니즈에 초점을 맞춰나가야 할 것이다. 기술을 혁신하고 구전 마케팅word of mouth marketing을 잘 활용해도 비용을 충분히 떨어뜨릴 수 있다. 기술혁신 전문가 비제이 고빈다라잔Vijay Govindarajan이 펴낸 『리버스 이노베이션Reverse Innovation』에서 그에 알맞은 사례를 풍부하게 제시하고 있다.

2009년 낸시 리와 『필립 코틀러의 사회 마케팅Up and Out of Poverty: The Social Marketing Solution』을 함께 쓴 것은 저소득층이 가난에서 벗어나는 방법을 알려주고 싶었기 때문이다. 또한 이 책에서 대규모 해외원조와 무상원조로 인해 지역산업이 쇠퇴하고 저소득층의 자립적 해결능력이 떨어질 수 있다는 점을 지적했다. 물론 기업가와 기업들, 비영리단체, 정부가 합심하여 빈곤을 퇴치해야 한다는 것은 말할 것도 없다. 운 좋게도 이 책은 2009년 CEO를 위한 경영서 800에 선정되었다.

Chapter. 28

소득의 편중

함께 살아가는 세상이 더 아름답다

가난의 저주는 어디서 비롯될까? 먼저 소득과 부의 편중에 관한 문제를 고찰해야 한다. 여러 통계를 보더라도 많은 국가에서 소득과 부의 편중현상이 일어나고 있다. 소득 분배의 불평등 정도를 측정할 때 주로 '지니계수Gini coefficient'를 이용하는데, 지니계수가 0퍼센트에 가까우면 소득분포가 평등하고 100퍼센트에 가까우면 소득 불균형이 심화되었음을 의미한다. 미국의 경우 지니계수는 1968년 38이었다가 현재 45에 머물고 있다. 브라질(57)과 남아프리카공화국(63)은 미국보다 더 높은 지니계수를 보인다. 반면에 스웨덴, 노르웨이, 핀란드는 25로 미국보다 훨씬 낮은 수치를 보이고 있다.

부의 편중현상도 또한 지니계수로 측정할 수 있다. 미국은 현재 80의 수치를 보이고 있다. 사실 부가 부를 낳는 것이다. 오늘날 부유한 가정에서 태어난 사람일수록 더 좋은 교육과 의료혜택을 받고 연봉 높은 직업을 가진다. 그뿐인가. 부자들은 부동산과 금융상품에 많은 투자를 하고 공공정책에 일반 사람들보다 많은 영향을 미친다. 국가의 소득과 부의 편중현상은 정부의 개입 없이 날로 심화되는 것 같다.

미국 거대 기업 최고경영자들에게 고액의 보상이 지급되었다는 소식을 접할 때마다 그들이 회사의 주주와 종업원들, 미국 소비자들을 이용하고 있다는 생각이 든다. 더 놀라운 사실은 기업 CEO의 임금이 일반 노동자들이 받는 임금의 40배에 육박한다는 것이다. 보상으로 따지면 미국 CEO들은 평직원이 버는 돈의 350~400배를 벌어들인다. 미국의 경영자들이 천문학적 액수의 연봉을 즐기는 것은 어제오늘 일이 아니다. 아팔루사Appaloosa의 데이비드 테퍼David Tepper 회장은 2012년에 22억 달러를 벌었으며, 오라클Oracle의 래리 앨리슨Larry Ellison 회장은 9620만 달러를 챙겼다. CEO들이 고액의 연봉을 챙긴다면, 그들 밑에 있는 임원들도 임금을 두둑이 챙길 게 분명하다. 이렇게 미국 기업들이 고위 경영진에게 고액의 보수를 지불한다는 것은 한국과 중국, 일본 등과 경쟁함에 있어 비용적으로 불리하다는 것을 의미한다. 이와 관련하여 누구나 고액의 연봉을 받을 권리가 있다고

"우리는 모두 한 배를 탔다."
통화침투설(대기업에 돈이 흘러가면 그 흐름이 중장기적으로 중소기업과 소비자들에게까지 확산되어 경기를 자극한다는 이론)을 풍자한 그림

하거나 그것이 일반 주주들에 대한 신용사기인지 아닌지 따져보는 것과는 별개로 생각해야 한다.

그럼에도 보수층은 부에 의해 일자리가 창출되고 투자 위험을 막기 위해 기대치만큼 높은 보상을 제공해야 한다는 이유로 부자 증세에 반기를 들고 나선다. 그들은 더 나아가 '부자들이 고소득을 올려야 모두가 살아날 수 있다'는 식의 주장을 펼친다. 하지만 최근 미국의 상황을 들여다보면, 그런 주장은 전혀 근거가 없다. 부자들은 금융위기의 와중에도 돈 잔치를 즐긴 반면, 노동자들의 실제 소득은 1980년대 이래 제자리걸음을 하고 있다.

단언컨대 부자들은 전 세계 소득과 부를 독차지하다시피 하면서 스스로를 망가뜨리고 있다. 이로 인해 중산층의 구매력이 감소했으며, 빈곤층의 구매력은 사라지다시피 했다. 그래서 소비

뉴욕 월스트리트

자들의 수요는 제자리걸음을 하거나 하락하고 있다. 또한 소비가 줄면 성장률이 감소해 일자리가 줄어든다. 이를 보면 답이 분명해진다. 극부층이 소득 재분배에 적극 나서야 한다는 점이다. 그러면 그들의 공장과 점포는 계속해서 바쁘게 돌아가게 된다.

 미국은 GDP Gross Domestic Product, 국내총생산 감소로 경기가 침체되고 시민들의 분노가 커지면서 2011년 9월 금융 중심지 뉴욕의 월스트리트에서 '월가 점령 시위 Occupy Wall Street'가 벌어지기에 이르렀다. 이 시위는 미국 대중의 불만과 분노를 상징적으로 보여준 사건이다. 당시 TV에서 대규모 항의 집회가 벌어진 모습을 보면서 이 시위가 사회적 변혁을 위한 급진적 대중운동으로 발전하길 내심 고대했다. 지금 이 순간에도 시간당 7.25달러라는 비참한 수준의 최저임금이 상향되어야 한다며 노동자들이 목소리를 내고 있다. 맥도날드 종업원들과 항공사 승무원들이 바라는 것처럼 최저임금은 10달러나 15달러 수준으로 상향 조정되어야

왼쪽부터 빌 게이츠, 워런 버핏

한다.

　근시안적 사고에 빠진 부자들은 자신들의 대저택과 수영장 너머를 보지 못한다. 빌 게이츠Bill Gates, 워런 버핏Warren Buffet, 테드 터너Ted Turner처럼 세계적인 부자들이 큰 그림을 그리고 부자 증세에 참여하여 최고경영자보다 평직원이 세금을 더 많이 내는 허술한 구멍을 없애주길 간절히 바랄 뿐이다. 다행히도 빌 게이츠와 워런 버핏이 '기부 서약The Giving Pledge' 운동을 시작한 이래 132명의 억만장자들이 어려움에 빠진 국가에 힘을 실어주고자 재산의 상당 부분을 기부하기로 서약했다.

Chapter. 29

번영
국가적 망상의 제거

국가는 흔히 '우리는 특별하다'는 의식을 자국민들에게 심어주려고 애쓴다. 프랑스 사람들은 프랑스 혁명으로 자유와 평등, 박애를 외쳤다는 이유로 우월함을 느낀다. 마찬가지로 영국 사람들은 대영제국이 부흥했다는 이유로, 러시아 사람들은 공산주의 체제를 확립했다는 이유로 다른 사람들과 다르다고 생각한다.

미국에서는 이를 '예외주의exceptionalism'라고 부른다. 미국은 다른 국가들과 달리 특별한 숙명을 지닌 국가라는 개념이다. 정치학자 시모어 마틴 립셋Seymour Martin Lipset에 따르면, 자유, 평등, 개인주의, 포퓰리즘, 자유방임주의가 미국 이데올로기의 핵

미국을 대표하는 기업 페이스북, 구글, 유튜브, 트위터, 아마존

심을 이루고 있으며, 이런 이데올로기를 발전시킨 유일한 국가가 미국이라고 한다. 우리 미국인들은 사회 계층 간의 장벽이 약해서 계층 간 상향 이동이 가능하다는 점을 자랑스럽게 생각한다. 일부 보수적인 사람들은 미국을 '신'의 나라라고 여긴다. 미국이 과학, 기술, 민주주의, 인권에 대해 유럽 등 다른 나라들에 본보기가 되고 있다고 생각하는 것이다.

그렇다. 미국이 여러 부분에서 세계에 기여했다는 점은 인정할 만하다. 첫째, 인류 역사상 민주주의 확립과 헌법 제정의 측면에서 가장 큰 성공을 거두었다. 둘째, 군사력, 교역력, GDP 규모 면에서 초강대국 자리를 유지하고 있다. 미국의 기업과 브랜드들은 전 세계적으로 인기를 끌고 있다. 셋째, 최첨단 기술의 선두주자 자리를 유지하고 있다. 페이스북, 구글, 유튜브, 트위터, 아마존 같은 기업들은 전 세계 사람들에게 사랑을 받고 있다. 이 이외에 여러 측면에서 미국은 전 세계에 뚜렷한 기여를 했다.

오래전에 유럽과 아시아 국가들을 여행했을 때만 해도, 현지 주민들이 미국인들을 부러움의 대상으로 여기는 듯한 느낌을 받았다. 미국으로 이민을 가서 시민권을 얻고 싶어 하는 사람들도 많았다. 그 정반대의 극단에서는 미국의 정책, 심지어 미국의 물질만능주의와 탐욕을 두고 비판하는 개인과 집단들이 있었다.

그런데 얼마 전 한 아시아 국가를 방문했을 때, 미국을 바라보는 현지 주민들의 태도가 확연히 달라졌다는 것을 느꼈다. 미국이라는 나라와 그 영향력에 대한 관심을 떠나서 그에 대해 별로 신경을 쓰지 않는 것 같았다. 아시아 국가들은 그들 나름의 성공에 집중하고 있다. 특히 매년 겨우 2퍼센트 성장을 하는 미국과 달리 아시아의 경제는 매년 6퍼센트 이상 성장을 구가하고 있지 않은가. 이제 아시아 국가들은 그들 자체의 '예외주의'에 집중하고 있기에 미국을 별로 염두에 두지 않는다.

미국에 대한 이야기로 다시 돌아와서, 그간에 미국 국민들은 자신들의 자아상에 상처를 준 충격적인 사건들을 겪었다.

- 1957년 10월 4일 금요일 밤, 소비에트 연방이 스푸트니크 1호를 타원형의 지구 궤도로 쏘아 올렸다. 이에 큰 충격을 받은 미국은 우주개발의 주도권을 되찾기 위해 즉시 우주개발 프로그램 자금을 늘렸다. 이후 미국의 우주비행사 닐 암스트롱Neil Armstrong이 1969년 7월 21일 인류 최초로 달에 발을 디디고 나서 그 유명한 "한 인간에게는 작은 한 걸음이지만, 인류 전체에게는 거대한 도약이다"라는 말을 남겼고, 이렇게 미국은

우주정책의 지휘권을 다시 가져왔다.

- 1970년대에서 1980년대에 일본은 자동차, 오토바이, 시계, 카메라, 광학기기, 철강, 조선, 피아노, 지퍼, 텔레비전 수상기, 비디오 장치, 소형 계산기 등 여러 산업에서 경이로운 성장을 이룩했다. 이로써 미국이 몇몇 산업에서 주도권을 잃어가고 있다는 사실은 물론 일본이 경영과 마케팅에서 미국을 능가하고 있다는 점을 깨달았다. 그러다 1989년 10월 31일 미국의 자만심이 완전히 꺾이는 사건이 벌어졌다. 록펠러 센터Rockefeller Center와 라디오 시티 뮤직홀Radio City Music Hall 등 맨해튼의 여러 초고층 빌딩이 세계 최대 부동산 회사 미쓰비시 부동산에 넘어간 것이다.

- 2001년 9월 테러단체 알카에다가 뉴욕시 세계무역센터 쌍둥이 빌딩에 비행기 폭탄 테러를 가하면서 온 국민의 영혼에 깊은 상처가 생겼다. 이 사상 최악의 테러로 3000여 명이 아까운 목숨을 잃었다. 9.11 테러는 현대에 들어 미국 본토가 공격받은 최초의 사건이었다.

- 언제부턴가 미국 학생들이 다른 국가의 학생들에게 뒤처지고 있다는 이야기가 들리기 시작했다. 2009년 국제학업성취도평가International Student Assessment에서 미국 15세 학생들은 읽

기 14위, 과학 17위, 수학 25위로 벨기에, 에스토니아, 폴란드 국가 학생들보다 낮은 순위를 차지했다. STEM(과학Science, 기술Technology, 공학Engineering, 수학Mathematics) 분야에서도 미국의 상위중산 계층 학생들은 수학에서 24개 국가들, 과학에서 15개 국가들보다 훨씬 뒤처지는 결과를 냈다. 아시아와 북유럽 국가들은 미국보다 기술자 양성에 훨씬 더 노력을 기울이고 있다. 또한 중국 학생들이 학교에서 하루 12시간을 보내는 반면 미국 대학 입시생들의 30퍼센트 가량은 보충 교육을 필요로 하는 실정이다.

- 미국은 자국의 보건체계가 전 세계 최고라고 자부해왔다. 하지만 여러 연구결과에 따르면, 미국은 GDP의 20퍼센트 가량(대다수 개발도상국의 두 배)을 보건 정책에 사용하면서도 보건상의 성과 면에서 개발도상국들과 같거나 오히려 나쁜 결과를 얻었다.

참혹했던 9.11 테러

- 미국은 몇 차례 전쟁을 치르면서 막대한 손실을 입어놓고도 목표를 달성하지 못했다. 베트남 전쟁에서 미국은 패했다. 이라크 전쟁과 아프가니스탄 전쟁은 많은 논란을 불러일으켰다. 전쟁에 들어간 비용을 미국의 기반시설과 보건, 교육을 개선하는 데 썼다면 어떠했을지 생각해보라.

- 미국은 계층 간 상향 이동할 수 있는 가능성이 높은 편이었다. 그러나 현재 서부 유럽 국가들과 영어권 국가들이 미국보다 계층 간 이동성이 더 높다. 미국의 계층 간 이동성은 캐나다, 오스트레일리아, 북유럽 국가들보다 낮다. 아마도 이탈리아, 프랑스, 독일, 영국보다 낮을 것이다.

- 과도한 모기지 대출과 왜곡된 투자 관행으로 인해 2008년 금융위기가 발발했다. 그 결과, 미국이 대규모 재정 손실을 입었을 뿐만 아니라 전 세계 경제가 심각한 침체 국면에 들어갔다. 이어서 세계 곳곳에서 대량 실업과 기업 파산 사태가 벌어졌고 포르투갈, 이탈리아, 그리스, 스페인 등의 국가들이 심각한 재정위기를 맞았다. 이로써 자본주의 체제가 안정된 성장과 일자리를 제공할 수 있는가에 대해 많은 사람들이 의문을 제기했다. 한 근거 자료에 따르면, 미국은 부자들이 소득과 부를 늘려나간 반면 노동자들의 생활여건은 전혀 나아지지 않았다. 이와 같은 격차는 1970년대와 비교하여 2013년에 훨씬 심

하게 나타났다.

이 모든 사건들로 인해 미국인들 사이에서 그들의 '예외주의'에 대한 의문이 증폭되었다. 미국의 미래는 대부분 일과 기회를 바라보는 젊은 세대의 태도에 따라 달라질 것이다. 하지만 미국의 젊은이들은 대개 성공적인 결과로 이어진 미국의 대외 개입에 대해 냉소적인 반응을 보인다. 학교를 졸업하고 일자리를 구할 수 있는지 없는지도 확신하지 못한다. 직업을 구한다고 중산층의 삶을 살 수 있을지도 모를 일이다. 대학 다니느라 대출받은 거액의 학자금을 갚을 수 있을지도 확실하지 않다.

국가가 자아에 대한 중요한 정의를 상실했다면, 새롭고 강력한 정체성을 구축해야 할 때가 된 것이다. 미국은 급변하는 세계에서 무엇을 대표할 수 있는가? 오랜 세월 미국은 '자유' '민주주의' '자본주의'를 대표해왔다. 그리고 이 매력적인 이념들을 계속해서 대표해나갈 것이다. 미국은 또한 '아메리칸 드림'으로 상징된다. 그래서 미국이라고 하면, 아늑한 교외 전원주택, 즐겁고 화목한 가정, 최신 전자제품, 몇 년마다 바뀌는 멋진 자동차 등이 연상된다. 하지만 소득 감소, 실업률 증가, 해외 경쟁 심화, 환경적 제약 등에 직면하여 아메리칸 드림은 허상이 되었다.

우리가 새로이 필요로 하는 정체성은 미국만이 아니라 전 세계가 더 나은 곳으로 향하게 만드는 힘이 되는 것이다. 우리의 군사력이 세계 평화유지에 도움이 되었다는 데에는 의심의 여지가 없다. 하지만 이제는 더 평화로운 세상, 더 번영하는 세상을 만들어 가는 주역이 되어야 한다. 다만 이집트, 요르단, 레바논 같은 신흥국가들에게 후한 원조를 하면 끝이라는 생각을 버려야 한다. 그간에 그들에게 지원해준 것은 보조금일 뿐이다. 오래토록 지속되는 가치가 빠져 있었던 것이다. 존 케네디가 평화봉사단Peace Corps을 만들었던 당시의 초심으로 돌아가야 한다. 또한 UN이 세계의 빈곤과 기아를 종식시키겠다고 진지하게 노력했던 시기로 돌아가야 한다. 뿐만 아니라 여러 국가를 도와 수질오염과 공기오염, 토양오염에서 자연환경을 보호하려 했던 비전을 되살려야 한다. 갈수록 소득과 자원이 한정되는 세상에서 어떻게 좋은 삶을 살아갈지 좀 더 근본적으로 따져봐야 한다. 어느 국가나 군사력이 아닌 도덕적인 힘으로 생존권과 인간의 보편적 권리에 근거한 목적을 달성할 수 있다.

Chapter. 30

디마케팅의 시대

수요 억제 전략의 효과

상업적 세계에서는 흔히 상품과 서비스의 수요를 확대하려고 노력한다. 하지만 한편으로는 특정한 상품과 서비스의 수요를 줄이는 '디마케팅' 기법이 필요하다. 디마케팅은 대개 마약, 담배, 기름진 음식 같은 '유해한' 상품의 소비를 억제하는 마케팅을 일컫는다. 물, 맑은 공기, 특정한 어종, 광물질 등의 희소한 자원의 사용을 억제하기 위해 디마케팅을 활용하기도 한다. 예컨대 캘리포니아는 물 부족 현상이 심각하고, 공기가 탁한 베이징은 9000여 명의 시민들이 호흡기 질환으로 병원에 입원해 있다. 이처럼 경우에 따라서 마케팅이 아니라 디마케팅 기법을 적용해야 한다.

1971년 마케팅 전문가 시드니 레비 교수와 함께 《하버드 비즈니스 리뷰》에 「디마케팅, 예스, 디마케팅Demarketing, Yes, Demarketing」이라는 제목의 논문을 발표했다. 이 논문에서 우리는 과다공급만큼 과다수요가 문제가 될 수 있다고 지적했다. 또한 디마케팅을 '전체 또는 특정 고객들의 수요를 일시적 또는 영구적으로 감퇴시키는 마케팅 활동'이라고 정의했다.

오늘날 갈수록 늘어나는 세계 인구와 미래 세대에 필요한 자원 '적재량'에 대해 우려를 표하는 사람들이 늘어나고 있다.

'생태발자국ecological footprint' 지수에 따르면, 현재의 자원소비율을 기준으로 할 때 전 세계 사람들이 미국 수준의 삶의 질을 누리려면 지금의 여섯 또는 여덟 배의 지구 자원이 필요하다고 한다. 현존하는 자원(기름, 물, 공기, 목재, 어류 등)을 가지고 한 세대는 넉넉히 삶을 누릴 수 있지만, 다음 세대는 지금보다 낮은 수준의 삶을 살아야 할 불운에 처한다. 지구의 자원이 바닥을 향하고 있다는 것은 마케팅의 시대에서 역마케팅의 시대로 넘어가야 할 시점이 되었다는 것을 의미할지 모른다.

이런 변화는 비즈니스 의사결정에 어떻게 영향을 미칠까? 기업은 조직의 지속가능성을 달성하기 위해 제품 생산과 마케팅 전략, 마케팅 실무와 관련하여 근본적인 변화를 이끌어내야 한다. 이와 관련하여 유니레버의 CEO 폴 폴먼Paul Polman은 다음과 같이 말했다. "우리는 사업을 두 배로 늘려야 한다는 포부를 가지고 있지만, 우리의 사업이 환경에 미치는 영향과 발자국을 줄이면서 그렇게 해야 한다. 또한 한층 더 책임 있는 소비가 바탕이 되어야 한다."

모든 기업이 사업을 두 배로 늘린다는 목표를 세우고, 또한 모든 기업이 그 목표를 달성한다면, 결국 기업의 지속가능성은 요원한 일이 되고 만다. 저개발 국가들이 기적에 의해 갑자기 삶의 질을 중산층 수준으로 올려놓는다면 어떻게 될까? 도로와 항공교통이 마비되고 공해가 발생하고 에너지 자원이 바닥이 나지 않을까? 그렇다면 제로성장(개발억제정책)과 완만한 성장, 이 두 가지 목표 사이에서 합리적 해법이 나올 것이다.

따라서 지속가능성을 추구하는 기업들은 신제품 개발계획에 대한 명확한 기준을 도입하고 자원의 재이용 및 재활용에 투자를 확대하는 한편, 폐기물 처리 및 성장에 대한 제한적 조치를 받아들이도록 이해관계자들(직원, 유통업자, 공급업자, 투자자 등)을 설득해야 한다. 이와 더불어 성장 목표와 지속가능성 사이의 균형을 잘 유지하기 위해 보상제도도 변경해야 할 것이다. 또한 CEO에게 지급하는 보상은 목표 성장률과 환경비용 축소율에 대한 성과를 기준으로 해야 한다.

디마케팅의 시대로 접어들며

이제 기업들이 수요관리 전략에 디마케팅적 사고를 접목해야 할 때가 되었다. 디마케팅이란 수요억제의 또 다른 이름이다. 우리는 다음 네 가지 상황에서 수요를 줄여나가야 한다.

1. 기존의 과다수요 관리
   물 부족 현상이 심각한 중동은 경쟁적인 사용자들의 물 소비를 제한해야 한다. 에너지 부족 사태가 빈번히 일어나는 여러 국가들은 불필요하고 과도한 에너지 소비를 줄이기 위한 캠페인을 벌여야 한다.

2. 잠재적 과다수요 관리
   앞으로 어류 공급을 유지하려면, 지금 어류 남획을 줄여야 한다. 벌채도 적극적인 재심기에 맞춰 이루어져야 한다.

3. 개개인의 건강 관리
   흡연과 마약 복용, 설탕·지방·소금의 과다 섭취를 줄이는 노력이 필요하다.

4. 자연 보호, 희소자원 관리
   옐로스톤 국립공원Yellowstone National Park처럼 관광객이 과도히게 유입되는 지역의 방문을 자제하게 만든다.

디마케팅의 도구에는 무엇이 있을까? 먼저, 러시아 정부가 보드카 같은 독주의 과음을 제지했던 사례를 들여다볼 필요가 있

자연 보호를 위해 관광객을 제한·관리하고 있는 옐로스톤 국립공원

다. 보드카에 계속 의존하면, 결과가 뻔하다. 술에 취해 폭력을 휘두르고 결혼생활을 파탄 나게 한다. 더 심하면, 상해를 입거나 사망에 이른다. 러시아 정부와 NGO 단체들은 보드카 소비를 줄이기 위해 다음과 같이 4P 전략을 마케팅 프레임워크의 첫 단계

로 시행했다.

- 제품: 정부가 나서서 보드카 생산을 줄인다. 또한 소비자들이 일주일에 1리터만 구매하도록 제한을 두어야 할지 모른다.
- 가격: 정부가 보드카 가격을 대폭 올린다.
- 유통: 정부가 나서서 보드카 파는 유통매장의 수를 줄이고, 매장 방문을 어렵거나 불편하게 만든다.
- 홍보: 정부 주도로 금주 광고캠페인을 벌인다. 보드카의 과도한 소비가 음주자 본인뿐 아니라 가족에게도 해가 된다는 사실을 부각시킨다.

이 이외에 다양한 상황에 디마케팅 기법을 적용할 수 있다. 예컨대 수렵어획 면허의 발급을 제한해달라고 국회의원들을 설득하거나 사람들로 북적이는 국립공원의 방문객 수를 줄이는 경우 디마케팅을 적용할 수 있다. 또한 호텔 손님들에게 수건을 적게 사용하도록 설득할 때, 주택소유자들에게 에어컨 전기세를 절약하도록 설득할 때, 소비자들에게 연비 좋은 자동차를 구매하라고 설득할 때 디마케팅을 적용할 수 있다.

그런데 사람들이 열망하는 대상의 수요를 줄이는 경우, 여러 면에서 주의를 기울여야 한다. 첫째, 디마케팅 캠페인은 상품이나 서비스에 대한 욕망을 더욱 부추길 수 있다. 책 구매나 영화 관람을 제한하는 경우, 흔히 이런 효과가 나타난다. 둘째, 미국이

미국 금주법 시대 법안에 반대하는 시민들

주류를 금지했던 '금주법 시대prohibition era'에 그랬던 것처럼, 희소성을 상승시키는 동안 범죄자들이 양산될 수 있다. 마지막으로, 인권 옹호가들은 시민의 권리를 빼앗는 게 아니냐며 정부의 개입에 불만을 드러낼 것이다.

디마케팅을 수행하는 경우 개인의 자유와 공익 사이에서 어려운 선택을 내려야 한다. 그럼에도 디마케팅을 수행하지 않고는 누구나 공공자원을 물 쓰듯이 하는 '공유지의 비극Tragedy of the Commons, 개인의 이익을 추구하는 시장에서 개인의 욕심 때문에 공공자원인 공유지가 결국 망가질 수밖에 없다는 개념'을 겪게 된다. 이런 점에서 디마케팅을 수행하면서 개인의 자유를 제한하게 된다. 때문에 제품이나 서비스의 소비 축소에 대한 시민들의 폭넓은 합의가 이루어질 때, 최고의 디마케팅 효과를 거둘 수 있다.

Part. 4
마케팅의 눈으로 본 세상

PHILIP KOTLER
MY ADVENTURE IN MARKETING

Chapter. 31

WMS 월드 마케팅 서밋

마케팅을 통한 더 좋은 세계 만들기

2010년 낸시 리와 함께 『필립 코틀러의 사회 마케팅』을 쓴 이후 여러 전문가들로 구성된 일종의 마케팅 포럼을 진행해야 한다는 생각이 들었다. 세계의 사회적 문제를 다루고 더 나은 세상을 만들기 위한 모임이 필요하다고 인식한 것이다. 물론 세계은행World Bank, IMF, UN 등의 세계 기구들이 더 나은 세상을 만들기 위해 애쓰고 있다. 그럼에도 뭔가 다른 것이 마음속에 떠올랐다. 매년 스위스 다보스에서 열리는 WEF세계경제포럼을 보고 영감이 떠올랐다. 정부 고위 관료와 CEO, 저명한 학자들이 한자리에 모여 세계 경제 문제를 다루는 모습이 인상 깊었다. 몇 년 전이 포럼에 강연자로 초대받은 적이 있는데, 제네바에 도착하자마자 행사요원의 환대를 받으며 리무진에 올랐던 일이 떠오른다. 리무진 안에서 브라질 재무장관을 만난 것도 기억에 남는다. 우리를 태운 리무진이 눈으로 뒤덮인 험준한 도로를 지나 다보스에 도착하기까지 한 시간이 걸렸다. 그래도 즐겁게 대화를 나누다 보니 시간 가는 줄 몰랐다.

이렇게 WEF에 참석한 덕분에 아이디어를 얻었다. 소규모이지만 WEF와 비슷한 비영리 연례행사를 열어서 전략, 경영, 마케팅 이슈들을 집중적으로 다루면 좋을 것 같았다. 특히 경영 마케팅 이론과 기법을 어떻게 더 나은 세상을 만드는 일에 활용할 수 있을지 살펴볼 작정이었다. '마케팅으로 더 나은 세상을 만드는 일', 이것이 행사의 목적이었다. 또한 UN 참가국들이 달성하기로 선언한 'MDGs Millennium Development Goals, 새천년개발목표. 2000년 UN에서 채택된 범세계적 약속으로 2015년까지 달성하기로 한 여덟 가지 조항'의 여덟 가지 조항에 초점을 맞출 계획이었다. MDGs에는 빈곤과 기아 퇴치, 교육개선, 환경보호 등의 조항이 포함되어 있다.

우리는 2012년 3월 1일(3월 3일까지) 방글라데시 다카에서 WMS의 개막을 알렸다. 인구 1억 5000만 명의 저소득 국가인 방글라데시는 MDGs의 여덟 가지 조항을 모두 실현해야 하는 상황이었다. 이에 방글라데시 총리 셰이크 하시나Sheikh Hasina는 우리 회의를 적극적으로 지원해주려고 했을 뿐만 아니라 에너지, 교육, 재무 분야 장관들과의 대담을 요청했다. 한편 우리는 세계

WMS 행사 공지　　　월터 비에라와 나

가 직면한 사회적 문제를 고찰할 각계 전문가를 60명 넘게 초대했다. 3일의 회의 기간 동안 4000명이 넘는 청중이 참석했다. 또한 강사들 중에는 통합 마케팅 커뮤니케이션Integrated Marketing Communication 분야를 창안한 도널드 슐츠Donald Schultz 교수, '히든 챔피언Hidden Champion 기업' 전문가 헤르만 지몬Hermann Simon, 서비스 마케팅 분야 1인자인 스웨덴의 에버트 굼메슨Evert Gummesson이 포함되어 있었다. 이외에 경영 컨설턴트 월터 비에라Walter Vieira는 인도 현지의 빈곤기아퇴치 프로그램을 분석하고 평가했으며, 세계 마케팅 협회 회장 허마완 카타자야는 아시아의 상황을 개선하기 위한 프로그램을 제안했다. 낸시 리는 사회 마케팅의 강력한 성공사례를 소개했다. 우리는 또한 유니레버를 비롯한 여러 기업의 경영진을 초청하여 그들이 어떻게 마케팅으로 더 나은 세상을 만들어가고 있는지 이야기를 들었다.

　3일간의 일정이 분주하게 흘러갔고, 서로 다른 분야의 전문가들이 처음으로 만남을 가졌다. 그들의 대화에서 21세기를 바라보는 통찰과 혜안이 묻어났다. 우리는 또한 각계 학자들에게 사회적 기업 육성 센터incubator를 설치하자고 제안했다. 각각의 인큐베이터에서 저마다의 사회적 문제를 다룰 생각이었다. 더불어 세계 각국의 연구자들에게 인큐베이터에 참여해줄 것을 요청했다. 이런 과정으로 인큐베이터 네 곳이 등록을 마쳤다. 인큐베이터들은 다음 연례 회의에서 조사연구 결과를 발표하기로 했다.

한편 방글라데시 국회의사당을 방문한 것은 강연자들에게 여행의 하이라이트였다. 건축가 루이스 칸Louis Kahn이 설계한 것으로 유명한 그 건물은 그 자리에서 그대로 1000년을 버틸 만한 요새의 모양새였다. 국회의사당은 휴회 중이었다. 우리는 거대한 회의장을 여기저기 둘러보았다. 회기 중 국회의원들이 정치현안

무사히 끝난 첫번째 WMS

2013년 3월 7일 방콕에서 잉락 친나왓 태국 총리와 함께

을 두고 논쟁하는 모습이 머릿속에 그려졌다.

방글라데시에서 성공리에 회의를 마쳤고, 2013년 쿠알라룸푸르에서 열린 회의에서도 큰 성과를 거두었다. 두 번째 회의를 마친 후 우리는 매년 회의 장소를 바꿀지, WEF가 매년 열리는 다보스처럼 첫 회의지를 영구적 개최지로 선정할지 논의했다. 결국 아시아 국가 어딘가에 본거지를 마련하기로 했다. 그러던 중 2013년 3월 7일 태국 총리 잉락 친나왓Yingluck Shinawatra을 만났는데, 그녀는 2014년 회의를 태국에서 개회하면 좋겠다고 하면서 회의를 마친 후 회의 장소 문제를 논의해보자고 했다. 또한 태국 현지 기업 일곱 곳이 회의를 지원하겠다고 약속했다.

하지만 유감스럽게도 그 즈음 탁신Thaksin 전 총리의 사면과 정계복귀를 허용하는 법안 통과를 두고 태국에서 대규모 시위가 벌어졌다. 이에 우리는 태국의 심각한 정치적 혼란을 이유로

2014년 WMS 개최지를 일본으로 바꾸기로 결정했다. 일본은 우리에게 많은 관심과 성원을 보내주었다. WMS 2014는 2014년 9월 24일에서 25일, 이틀에 걸쳐 진행되었다. 많은 분들이 '마케팅을 통한 더 나은 세상 만들기'에 동참하고 아이디어를 제공했다. 비록 이틀이었지만, 도쿄에서 잊지 못할 추억을 만들었다.

Chapter. 32

일본과의 인연

눈부신 성장과 20년의 침체

1980년 초 켈로그 경영대학원에서 최고경영자들을 가르칠 때 있었던 일이다. 내 수업에 참석한 한 CEO가 나에게 일본 때문에 미국이 심각한 경제손실을 입었다며 따진 것이다. 그렇게 만든 장본인이 코틀러 교수, 즉 나라고 그는 말했다. 이유를 말해보라고 했더니 그는 이렇게 말했다. 일본 사람들이 내 책 『마케팅 관리론: 분석, 계획, 통제』을 읽고 그들의 '마케팅 교과서'로 삼은 것도 모자라 업종을 불문하고 미국을 넘어서기 위한 마케팅 원칙으로 엄격하게 적용했다는 것이다. 나는 즉시 반박했다. "아니, 사업을 운영하는 사람이라면 누구나 『마케팅 관리론: 분석, 계획, 통제』을 읽고 그 원칙과 전략을 적용할 수 있지요. 차이가 있다면, 일본 사람들은 내 말을 믿었고, 미국 사람들은 내 말을 믿지 않은 게 아닐까요. 혹은 일본 사람들은 '더 나은 제품'이 마케팅의 핵심이라고 믿었겠지요. 반면에 미국 사람들은 '더 나은 광고'가 마케팅의 핵심이라고 믿고 있을지 모릅니다."

이 일화는 흥미로운 물음으로 이어진다. 일본은 어떻게 제2차 세계대전의 폐허 속에서 기적적으로 되살아나 핵심 업종을 주도하게 되었을까? 자동차, 오토바이, 시계, 카메라, 광학장치, 철강, 조선, 피아노, 지퍼, 라디오, TV 수상기, 비디오 녹화기, 소형 계산기 등 일본의 손을 거치지 않는 제품이 없을 정도다. 또한 일본 기업들은 컴퓨터와 건설장비 업종에서 재빨리 2인자의 자리를 차지했다. 화학, 의약, 기술 장비 업종에도 거세게 침투하고 있다.

1982년 여름, 「세계 챔피언 마케터: 일본The World's Champion Marketers: The Japanese」이라는 제목으로 기고한 글에서 이에 대한 내 견해를 밝혔다. 《경영전략 저널Journal of Business Strategy》, 3권, 1호, 3~13쪽) 이 제목을 사용하기 위해 용기를 내야 했다. 미국 사람들은 자신들이 마케팅을 개발한 것은 물론 여전히 마케팅의 1인자라고 생각하기 때문이다. 이 글에서 나는 일본이 여러 핵심 시장의 패권을 쟁취한 것은 마케팅에 대한 이해가 탁월했을 뿐 아니라 다음과 같이 많은 요인이 작용했기 때문이라고 설명했다.

세계적인 일본 기업들

일본 산업의 성장 요인

- 일본 기업들은 만장일치 의사결정 시스템을 활용했다. 여러 대안을 깊이 들여다보기 위해 다수의 참가자들과 함께 상향식bottom-up 소통을 했다. 이러한 소통 과정은 더디게 진행되었지만, 의사결정을 내린 후 결정된 사안을 신속히 실행에 옮길 수 있었다.
- 평생고용, 종업원 제안제도, 품질관리분임조Quality Circle 같은 일본의 인사관행은 모두 기업 충성도 강화에 기여했다. 일본은 또한 비용절감, 생산효율, 제품 디자인, 품질에 관한 체계를 매우 엄격하게 운영했다.
- 정부, 기업, 노동자 간의 긴밀한 실무관계가 중요한 역할을 했다. 종합상사의 역할, 정부의 지원과 보조금, 용이한 은행 접근성 등이 성공 요인이 되었다.
- 일본의 산업 성장은 제조업자와 공급업자, 유통업자 사이의 끈끈한 관계, 종업원들의 높은 직업윤리가 바탕이 되었다. 일본의 낮은 임금도 일본 기업들의 경쟁우위에 한몫을 했다. 시장을 점유하기 위해 낮은 이윤도 감수하겠다는 의지도 무시하지 못했다.
- 일본 내부에서의 치열한 경쟁도 일본의 산업 발전에 기여했다. 1980년대 당시 미국은 '빅 3(GM, 포드, 크라이슬러)' 자동차 산업을 주도한 반면, 일본은 아홉 개 자동차 기업이 국내 자동차 산업을 이끌었다. 오토바이 업종에서는 오직 할리 데이비

슨Harley Davison에 의지했던 미국과 달리 일본은 네 개 기업이 활동했다. 이 밖에 일본에는 카메라 생산업체가 열두 곳이 있었고, 소형 계산기 업체와 가전제품 업체도 여럿 있었다. 일본 기업들이 서로 간의 경쟁에 매우 단련되어 있었다는 것은 분명한 사실이다.

일본 기업들은 유리한 여건을 활용하는 데 그치지 않고 '고객가치가 이긴다'는 중요한 교훈을 하나 더 습득했다. '양질의 제품을 저가에 제공하는 것'이야말로 경쟁에서 이기는 비결이다. 알다시피 저가정책으로 제품을 다 팔아치울 수는 있다. 하지만 제품이 평범하거나 질적으로 형편이 없으면 재구매가 이루어지지 않는다. 일본 기업들은 높은 품질, 앞서 가는 디자인, 혁신적인 기능을 내세워 가격이 올라간다 해도 소비자들이 재구매를 할 수밖에 없도록 만들었다.

일본 기업의 마케팅 실무에는 신규 업종 및 시장 세분화 선정, 각각의 시장 세분화에 적합한 전략 수립 등의 활동이 포함되었다. 고객지향 마케팅에 대한 일본 기업들의 탁월한 이해능력에 깊은 감명을 받았다. 이와 관련하여 1985년 출간한 『새로운 경쟁: Z이론이 우리에게 말해주지 않은 것, 마케팅The New Competition: What Theory Z Didn't Tell You About-Marketing』(필립 코틀러, 리암 파헤이Liam Fahey, 솜키드 자투스리피탁 공저)에서 일본의 마케팅과 새로운 경쟁에 관해 설명했다.

여러 논문과 기고글에서도 일본의 마케팅에 대해 설명했다.

그런데 이후 몇 년이 지나자 일본의 상향세가 점차 꺾이기 시작했다. 한 변호사 친구가 내게 물었다. "왜 일본 경제가 쇠퇴하고 있지?" 나는 이렇게 답했다. "일시적인 현상일 뿐이야. 신흥 5개국의 기세가 거세졌고, 중국이 부상하고 있지. 그래도 일본은 쉽게 주도권을 빼앗기지 않을 거야. 더 많은 업종에서 1위를 차지할 거야."

그로부터 또 5년이 지났지만, 일본의 침체는 계속되었다. 내 변호사 친구는 또 내게 물었다. "일본 경제는 왜 침체되고 있지?" 일본 경제가 20년 동안 침체한 이유는 무엇일까? 내가 생각하는 이유는 다음과 같다.

- 일본의 산업 성장은 막연히 성공이 지속될 것이라는 오만 또는 안이함을 어느 정도 유발했다.
- 초창기 회사를 설립한 창업주와 탁월한 기업가들만큼 창의력을 발휘하는 후계자가 별로 나오지 않았다.
- 일본 경제가 성장하고 있었기에 해외로 진출하지 않고 국내에서 충분히 기회를 누릴 수 있었다.
- 일본 기업들은 제조공정을 이해하긴 했지만, 마케팅에 대한 이해를 갖추지 못했다. 마케팅을 단지 P 하나, 즉 홍보Promotion라고 생각하는 수준이었다. 조직의 미래 계획을 수립할 최고마케팅책임자CMO를 임명하지도 않았다.

- 경쟁자들, 특히 한국이나 대만 기업들과 비교하여 의사결정이 너무 느렸다.
- 평생고용과 연공제가 장점이 되기보다 일본의 회복력을 제한하는 요인이 되었다.
- 일본 기업들이 장기간의 성과를 내다보지 않고 단기간의 성과에 주력하면서 월스트리트 자본주의의 영향을 벗어나지 못했다.

일본은 경제를 되살리기 위해 어떻게 해야 할까? 다음과 같은 처방을 권유한다.

- 일본 기업들은 신제품 개발, 비즈니스 모델 창출, 유통 시스템 개선, 가격 정책 수정 등의 영역에서 한층 더 혁신적인 조치를 취해야 한다.
- 광고 수익의 일부를 소셜 미디어 캠페인과 정보수집활동에 투자해야 한다.
- 최고마케팅책임자를 임명하여 조직의 미래 전략을 수립케 해야 한다.
- 더 나은 세상을 만들겠다는 보다 높은 차원의 목적을 가지고 브랜드를 구축한다.

2013년 6월 일본을 방문해서 다양한 업종의 경영자들 1000명

앞에서 강연을 했다. 강연 중에 내 책 『필립 코틀러 어떻게 성장할 것인가: 2013-2023 저성장 경제의 시장 전략』을 소개했더니 반응이 굉장히 뜨거웠다. 일본이 새로운 성장 사이클로 진입하길 기원한다.

Chapter. 33

일본 여행

낯선 사람들과의 색다른 경험

지난 몇 년간 일본을 여러 차례 방문했다. 매번 흥미롭고 재밌는 여행을 했다. 일본에서 겪은 일을 이야기하자면 날을 새도 모자랄 정도다. 먼저 퍼디난드 모서Ferdinand Mauser 교수와 친분을 쌓은 일부터 이야기해보겠다. 퍼디난드 교수는 웨인 주립 대학에서 마케팅을 가르치다가 일본 게이오 대학으로 자리를 옮긴 후 학생들을 가르치고 있었다. 그는 기업의 지속가능성에 대한 중요성을 설파하고 자신이 일본 생활에서 터득한 태도, 즉 자연을 존중하는 태도를 학생들에게 일깨워주는 등 숭고한 가치와 미덕을 구현하려고 애썼다. 이에 많은 학생들이 그를 본받고 그의 장점을 배

퍼디난드 모서

웠다. 퍼디난드 교수를 알게 된 것은 웨인 대학에서 실력이 출중한 학생들을 선발하여 켈로그 경영대학원에서 박사과정을 밟도록 설득하면서부터였다. 덕분에 켈로그 경영대학원이 리처드 바고지Richard Bagozzi, 게리 암스트롱, 랜달 슐츠Randall Schultz 같은 인물들을 교육하게 되었다. 이들은 현재 마케팅 전문가로서 명성을 떨치고 있다.

게이오 대학에서 20년을 보낸 퍼디난드는 우연히 한 일본인을 만나면서 직업을 완전히 바꾸게 되었다. 연예기획사 관계자였던 그 일본인이 퍼디난드가 일본식 광고에 딱 맞는 서양인이라고 판단했던 것이다. 어느 순간부터 청바지에 웨스턴 재킷, 이탈리아 명품 신발을 신은 퍼디난드가 광고에 등장했다. 심지어 몇 편의 비디오에서도 퍼디난드의 모습을 볼 수 있었다.

퍼디난드와 나는 수차례 서신을 주고받으며 세계정세에 관해 논의했다. 그의 일본식 세계관을 엿보며 상당히 많은 것을 배웠다. 하지만 그는 은퇴하고 몇 년 후 뇌졸중이라는 불운을 겪고 말았다. 아까운 친구 하나를 잃었다.

퍼디난드는 이토요카도의 설립자 이토 마사토시와도 친구가 되었다. 세계적인 소매회사인 이토요카도는 대형할인점, 편의점, 백화점 등을 운영하고 대형 외식업체 데니스Denny's를 인수합병한 것으로 유명하다. 퍼디난드는 이토 마사토시를 내게 소개해 주었다. 그가 나를 매우 정중히 맞아줘서 몸 둘 바를 모를 정도였다. 그는 평생 배움의 길을 멈추지 않는 사람이었다. 우리는 소매 유통과 경제 현안을 두고 시간 가는 줄 모르게 대화를 나누었다. 이토는 늘 메모를 했는데, 나도 그와 대화하면서 열심히 노트에 기록을 남겼다. 그로부터 얼마 지나지 않아 이토는 아들을 켈로그 경영대학원에 보내 내 밑에서 공부시키고 싶다는 뜻을 전해왔다. 나는 그의 부탁을 흔쾌히 수락했다. 이토의 아들인 야수히사는 장래가 촉망되는 학생이었다. 얼마 전 도쿄에서 그를 다시 만나기도 했다.

나와 이토 마사토시

켈로그 경영대학원에서 일본 출신의 우수한 학생들을 많이 가르쳤다. 모두가 후에 대기업을 지휘하는 경영자가 되었다. 일본의 대형 제약사 에이자이의 사장 나이토 하루오, 다국적 지퍼 메이커 YKK의 회장 요시다 타다히로, 도요타 미국 법인 사장 이나바 요시미가 대표적이다. 내가 아끼는 제자들 중 하나인 시바타 미츠히로는 잡화 판매회사 이토요카도에서 일하다가 디즈니, 로로피아나Loro Piana를 거쳐 국제 문화교류 재단인 클럽 부다페스트Club of Budapest에 정착했으며, 여기서 평화의 이상을 실현하기 위해 제 몫을 발휘하고 있다.

퍼디난드는 내게 무라타 쇼지 교수도 소개해주었다. 쇼지 교수는 제자들 사이에서 우상으로 통했다. 해마다 때가 되면 제자들이 쇼지 교수를 찾아와 살아온 이야기 들려주곤 했다. 쇼지 교수와 제자들의 만남은 특이했다. 쇼지 교수가 수영장 한쪽에 서 있으면, 제자들이 하나둘씩 그에게로 헤엄쳐왔다. 그 모습은 한 편

제자 시바타 미츠히로와 함께

의 드라마와 같았다. 우리 부부가 쇼지 교수로부터 저녁 식사 초대를 받은 날도 신나는 드라마가 펼쳐졌다. 쇼지 교수의 집에 들어서자마자 우리 부부는 깜짝 놀랐다. 그는 일상적인 양복 차림이 아니라 위엄 있는 일본식 전통 가운을 입고 있었다. 마치 사무라이가 내 앞에 서 있는 것 같았다. 쇼지 교수는 특유의 굵은 목소리로 인사하며 우리를 맞이했다. 그렇게 쇼지 교수 부부와 즐거운 저녁 한때를 보냈다. 그의 소개로 게이오 대학 경영관리연구과의 시마구치 미쓰아키 교수를 만날 수 있었다. 미쓰아키 교수는 유통 분야에 출중한 능력이 있었다.

나는 아내와 함께 다도, 꽃꽂이, 분재, 정원, 요리 등 일본 문화를 마음껏 즐겼다. 교토에 소재한 정원을 찾아가 조용함과 아늑함에 빠져보기도 했다.

일본에 머무는 동안 노스웨스턴 대학 동문 오사카 히로코의 덕을 많이 보았다. 나와 각별한 친구 사이인 히로코는 1995년 2월 도쿄에서 열리는 남동생의 결혼식에 나를 초대했다. 난생 처음 일본의 전통 결혼식을 구경한다는 것만으로도 매우 큰 기쁨이었다. 나는 신도 의식 같은 것을 보지 않을까 내심 기대했다. 그러나 내 기대도 잠시뿐, 현실은 완전히 달랐다. 알고 보니 일본 젊은이들은 서양식 결혼식을 선호했다. 당시의 트렌드라고 할까. 서양식 결혼을 하겠다고 결혼식을 마칠 때까지만 기독교인 행세를 하는 사람들도 있었다. 결국 일본 전통 결혼식은 구경하지 못했다.

대학 동문인 오사카 히로코와 나

강연차 일본의 다른 도시를 방문했을 때도 잊지 못할 기억을 만들었다. 저녁 식사에 초대 받았을 때의 일이다. 집주인이 저녁을 준비하는 사이 다른 손님 두 명과 이야기를 나눌 기회가 있었다. 지금도 생생히 기억나는데, 두 사람은 모두 독특한 직업을 가지고 있었다. 한 사람은 도검 기술로 일본의 '국보'로 지정된 인물이었다. 내가 칼의 츠바(날밑)를 수집한다고 말했더니 그는 만든 지 얼마 안 되는 잘빠진 칼 한 자루를 보여주었다. 그의 칼은 100만 달러에 수집가에게 넘어갈 터였다. 나는 젊었을 때 칼을 수집하지 않은 게 후회스럽다고 말했다. 하지만 아내가 반대한 이유가 있었다. 아이들이 한참 자라고 있는데 칼을 집에 보관하는 건 위험했다.

저녁 식사를 함께한 다른 손님은 예쁘장한 일본 여성이었다. 나는 옆에 앉은 그녀와 한껏 수다를 떨었다. 그런데 우리의 대화를 듣고 킥킥대는 사람들이 몇몇 눈에 띄었다. 나중에 집주인이 와서 그녀가 엄청난 이야기를 해줄 거라고 말했다. 내가 그의 이야기에 혹했느냐고? 물론이었다.

  밤 10시쯤 나는 자리에서 일어나 내 방으로 왔다. 그런데 잠시 뒤 누군가가 방문을 두드렸다. 함께 수다를 떨었던 그 예쁜 아가씨인가 하고 문을 열었더니 한참 나이 들어 보이는 여자가 문 앞에 서 있었다. 그녀는 집주인의 말을 전해주러 왔다고 했다. 집주인의 농담을 즐길 준비가 되어 있었음에도 불구하고 나는 깜짝 놀랄 수밖에 없었다. 나와 대화를 나누었던 그 날씬하고 예쁜 여성은 여성이 아니었다! 내가 일본 TV를 봤다면 '그녀'가 여장남자로 유명한 사람이라는 것을 알았을 것이다! '그녀'는 미와 아키히로 같은 여장 연극배우가 아니었나 싶다. 지금도 그날의 놀랍고도 유쾌했던 일이 생생히 떠오른다.

Chapter. 34

나의 취미

네츠케와 츠바 수집에 재미를 붙이다

42년 전 어느 날이었다. 11살짜리 큰딸 아미와 함께 하버드 광장에 있는 골동품 가게를 둘러보고 있었다. 갑자기 아미가 '귀엽게 생긴' 작은 원숭이를 지목했다. 상아로 만든 그 장식품의 가격을 물었더니 상점 주인이 100달러를 불렀다. 나는 망설이지 않고 아미에게 원숭이 장식품을 사주었다. 당시에만 해도 내가 네츠케 수집광이 될 줄은 생각조차 하지 못했다.

이 귀엽고 자그마한 상아 세공품에 매료된 나는 그때부터 일본 문화에 관심과 애정을 갖게 되었다. 일본인들, 특히 젊은이들 중에 네츠케를 잘 모르는 사람들이 많다는 사실이 의외였다. 그래

귀여운 모양의 네츠케

서 일본 젊은이들을 만날 때마다 늘 해주는 이야기가 있다.

1870년대 이전까지만 해도 일본 남녀는 모두 기모노를 입고 오비라고 하는 허리띠를 둘렀다. 기모노에는 주머니가 없는데 일본 사람들은 어떻게 동전이나 담배, 약을 가지고 다녔을까? 그들은 지갑이나 약 상자 등을 끈으로 매달아 오비에 달고 다녔는데 이때 끈 반대편에 장식품을 달아 물건이 떨어지지 않도록 했다. 이러한 장식품은 상아(또는 목재, 고래 뼈 등)를 재료로 하여 일본의 친숙한 동물, 곤충, 사람, 가공의 인물 등을 깎아 만들었다.

당시 일본의 부유한 지주들은 네츠케 장인을 시켜 개인 취향에 맞게 장신구를 만들었다. 그들은 차를 마시는 자리나 공개석상에서 그들의 네츠케로 동료들의 이목을 끄는 일을 즐겼다.

내가 네츠케를 수집하기 시작한 것은 뉴욕, 샌프란시스코, 런던, 하와이, 도쿄, 교토 등 여러 도시에 소재한 골동품 갤러리를 찾아다니면서부터였다. 그러는 동안 재밌고 지식이 풍부한 상인들을 자주 만났다. 우리 부부는 그들에게 네츠케 감정법의 핵심을 배웠다. 나는 네츠케 관련 학회에 가입했으며, 풍부한 내용이 담긴 월간 잡지도 구독했다. 덕분에 다달이 네츠케와 관련된 양질의 사진과 깊이 있는 기사를 접했다.

세계 네츠케 학회에서 주최한 모임에 참석했던 일도 기억에 남는다. 하와이에서 일주일 내내 진행된 모임에 전 세계 각지의 수집가들이 참석했다. 한스 콘리드Hans Conried, 유명한 성격파 배우, 아서 머레이Arthur Murray, 아서 머레이 무용 스튜디오 창립자 등 이름만 들어도 알 법한 유명 인사들의 얼굴도 보였다. 참석자들은 자유롭게 생각과 의견을 나누었고, 네츠케를 사고팔기도 했다. 나는 여기에서 만난 레이먼드 뷰셀Raymond Bushell 앞에서 이내 주눅이 들었다. 미국계 변호사로 일본 여성과 결혼한 레이먼드는 골동품 수집가로 유명했다. 나는 네츠케에 관한 독보적인 권위자인 그가 무척 존경스러웠다. 네츠케에 관한 그의 책은 이 분야에서 고전으로 통한다. 그가 수집한 유명한 작품들은 현재 샌프란시스코 소재 드영 박물관DeYoung Museum에 전시되어 있다. 이 이외에 런던 빅토리아 앨버트 박물관Victoria and Albert Museum을 방문했을 때는 버지니아 애츨리Virginia Atchley가 기증한 위대한 네츠케 작품을 감상할 수 있었다. (버지니아는 레이먼드와 네츠케 관련 책을 함께 쓴 적이 있다.) 가장 훌륭한 수집품으로 타카마도 공주가 소장하고 있는

타카마도 공주와 함께

네츠케를 꼽을 수 있다. 2014년 타카마도 공주를 만날 기회가 있었다. 그때 그녀와 시간 가는 줄 모르게 네츠케에 관한 이야기를 주고받았다.

최근에 출간된 『호박색 눈을 가진 토끼The Hare with the Amber Eyes: A Hidden Inheritance』는 네츠케에 대한 전 세계적 관심을 되살렸다. 이 책은 영국 도예가인 에드문드 드 발Edmund de Waal의 자전적 이야기다. 에드문드의 가문은 나치 치하는 물론이고 다섯 세대에 걸쳐 위대한 유산(네츠케)을 고이 간직해왔다.

네츠케에 대한 나의 사랑은 《아시아 예술Art of Asia》 1976년 3~4월 호에 「네츠케 감정Judging Quality in Netsuke」이라는 글을 기고하면서 정점을 찍었다. 이 글에서 나는 명품 네츠케의 열 가지 조건을 다음과 같이 제시했다.

- 진품 여부, 미적 가치, 기능적 적합성, 장인의 손길, 수명, 촉감, 제작연도, 상태, 주제의 인기도, 서명 및 작품내력

많은 일본인들이 네츠케에 대한 관심을 되살리고 장인들의 천부적이고 탁월한 조각술을 알아보는 날이 오면 좋겠다. 옛 장인들의 숨결은 아직도 살아 있다. 오늘날까지도 독립적인 예술가들이 지갑이나 약 상자의 구멍에 끈을 끼우기도 힘든 노쇠한 몸을 이끌고 끊임없이 네츠케를 깎고 있다.

또한 나는 일본 도예품 수집에 공을 들이기 시작했다. 일본도의 츠바를 수집하는 재미도 쏠쏠했다. 일본에서는 1876년 3월 28일 치안의 일환으로 칼을 휴대하는 것이 금지되었다. (칼 휴대 금

일본 사무라이 모양의 네츠케

구름 속 용 문양이 새겨진 츠바

지령The Sword Abolishment Edict) 그럼에도 사람들은 잘빠진 도검은 말할 것도 없고 츠바, 메누키(자루 장식), 후치(자루 앞 장식), 카시라(자루 뒤 장식) 같은 도검 장식품을 계속 수집했다. 아내가 집에 칼을 두는 것을 노골적으로 반대했기에 멋들어진 츠바만 수집하는 것으로 아내와 합의를 보았다. 츠바는 쇠, 또는 그보다 질 좋은 금속을 재료로 사용하는데, 문양에는 주로 은이나 금을 도금한다. 츠바는 도검의 일부분일 때도 있었지만, 지금은 시간과 환경의 제약으로 인해 별도의 구성품으로 판매되고 있다. 이 점은 매우 아쉽다. 나는 일본의 도검을 볼 때마다 일본 장인들의 탁월한 미적 기술적 능력에 감탄한다.

Chapter. 35

또 다른 취미

유리의 오묘한 아름다움

세상에는 두 부류의 사람들, 즉 무언가를 수집하는 사람들과 수집하지 않는 사람들이 있다. 전자의 사람들은 저마다 좋아하는 물건을 수집한다. 미술품, 동전, 우편, 단추, 야구카드, 사진, 내가 수집하는 일본의 네츠케와 츠바까지 수집품의 종류가 무척 다양하다. 그런데 아내와 나는 현대유리조형물이라고 칭하는 물건도 수집하고 있다.

유리라고 하면 창문, 시험관, 그릇, 접시, 유리타일 같은 실용적인 형태의 물건이 떠오르기 마련이다. 하지만 유리를 심미적 매체로 바라보는 사람은 흔치 않다. 고대 로마 시대에는 유리 기

유리공예가 폴 스탠다드Paul Standard의 문진

술자들이 아름다운 유리그릇을 만들었다. 1840년대 프랑스에서는 유리공예가들이 꽃이나 과일 형태의 장식을 첨가하여 문진을 만들었다. 1880년대 말에는 프랑스, 독일, 이탈리아, 체코 등 여러 유럽 국가의 유리 예술가들이 유리로 미술품을 만들었다.

위스콘신 대학의 도예과 교수 하비 리틀톤Harvey Littleton교수가 톨레도 미술관Toledo Museum of Art에서 워크숍을 열어 유리를 예술로 선보인 것은 1962년에 이르러서였다. 그때부터 유리예술의 흐름은 유리공방 운동Studio Glass Movement으로 발전했다. 하비 교수는 도미니크 라비노Dominick Labino와 함께 유리공방에 유리 용해시설을 설치함으로써 유리가 공장에서만 취급되는 게 아니라 조형작업의 재료로 사용될 수 있다는 것을 상징적으로 보여주었다. 이 유리공방 운동을 계기로 전 세계 각지에서 유리전문 공예가나 디자이너, 조형 예술가를 양성하는 움직임이 일어났다.

하비 리틀톤, 그의 현대유리조형 작품

우리 부부는 초기 유리조형품을 소장하고 있는 지인들의 집에서 여러 현대유리조형물들을 구경했다. 작품의 아름다움과 오묘함에 매료된 우리 부부는 그 즉시 광적인 수집가가 되었다.

우리 부부는 또한 미국의 천재적 유리공예가 데일 치훌리Dale Chihuly의 유리조형물에 흠뻑 빠져들었다. 데일은 보트 하우스Boat House라고 알려진 시애틀 소재 공방에서 유리 작품을 제작하고 있다. 그는 한때 자동차 사고로 한쪽 눈을 잃고 유리공예를 포기해야 했지만, 제자들에게 그의 영감과 디자인을 전수하기 위해 다시 스케치를 시작했다. 데일 치훌리의 작품은 독특한 모양과 화려한 색채가 돋보인다. 굽이치는 물결무늬가 아름다운 조형물 시폼Seaform 시리즈, 온갖 색상으로 공방을 채운 마키아Macchia 시리즈, 나선형 줄무늬로 한 방을 가득 채우고 12~14세기 중동 유리공예품의 분위기가 풍기는 페르시안Persian 시리즈, 이탈리아 아트 데코Art Deco에서 영감을 얻어 만든 베네치안

Venetian 시리즈, 일본의 꽃꽂이를 본뜬 이케바나Ikebana 시리즈, 일본 니지마 섬에서 유래한 유리 낚시찌를 보고 만든 니지마 플로트Niijima Floats 시리즈, 샹들리에, 글라스 트리Glass Tree, 보태니컬 정원Botanicals 등 어느 하나 눈이 가지 않는 작품이 없다.

데일의 작품들이 주로 그 아름다움으로 유명세를 타고 있지만, 우리 부부는 데일의 작품에 담긴 이야기의 특성과 의미에 더 매료되었다. 예컨대 남녀가 편안한 의자에 앉아 서로 바라보고 있는 작품은 여러 의미로 다가왔다. 작품을 보면 여자는 몸을 앞으로 구부리고 이야기하고 있고, 남자는 의자에 기대어 여자의 이야기를 듣고 있다. 그들은 어떤 관계일까? 여자 환자가 남자 정신과 의사와 상담하고 있는 모습일까? 혹은 일에 지친 남편에게 아내가 하루를 어떻게 보냈는지 이야기하고 있는 것일까? 작품

데일 치훌리, 그의 작품 이케바나

의자에 앉아 이야기하는 남녀

을 보는 사람들의 관점에 따라 다양한 해석이 나온다.

우리가 수집한 작품들에 네 사람이 등장하는 작품이 있다. 세 사람은 소리를 지르는 것처럼 보이고 나머지 한 사람은 고개를 숙이고 책을 읽는 것으로 보인다. 세 사람은 풋볼 경기에 푹 빠져 있고 나머지 한 사람은 거기에 별로 관심이 없는 모습을 형상화한 걸까? 아니면 홀로코스트 희생자들이 각자의 방식으로 암울한 운명과 마주하고 있는 모습을 나타낸 걸까?

우리는 보다 추상적인 작품들도 수집했는데, 대부분 작품 너머 여러 의미를 전하는 것들이다. 그중 한 작품의 경우, 딱딱한 돌 위에 표제가 붙은 판이 기울어져 붙어 있고 그 판 위에서 둥글게 생긴 두 물체가 굴러가는 형상을 하고 있다. 나는 이 작품에 대해 나름의 해석을 내놓았다. 낸시가 우리 아이들 중 하나를 쫓아다니고 있고, 나(돌)는 견고한 지면 위에 서 있지는 않지만 가족을 떠받치고 있다고 말이다.

한편 우리 부부는 미술품을 수집하는 일이 곧 수집가, 딜러들과 관계를 맺는 과정이라는 것을 알게 되었다. 현대유리조형예술연합AACG, Art Alliance for Contemporary Glass의 이사회 멤버로 참여해달라는 제안을 수락하고 나서 현대유리조형물을 수집하는 광적인 이사회 멤버들을 만나게 되었다. 또한 시카고, 뉴욕, 디트로이트, 덴버, 베니스, 프라하 등의 도시를 정기적으로 방문하면서 그들과 관계를 돈독히 하게 되었다. 또한 지금도 뉴저지 주 휘튼에서 2년마다 열리는 예술 행사인 글라스 위캔드Glass Weekend에 참석하여 딜러와 수집가들을 만나는 것은 물론 유리조형예술가들과 비평가들의 강의를 듣고 있다.

요컨대 현대유리조형물 150점을 수집한 것도 그렇지만 수집가들과 손님들을 집에 초대하여 함께 시간을 보내는 일이 무척 즐거웠다. 유리조형물의 세상을 탐험하며 흥미로운 체험을 수없이 했다. 그 체험 하나하나가 즐거운 기억으로 남았다.

수집한 작품들을 어디에 보관할지 고민했던 게 엊그제 같은데, 어느새 25년이라는 세월이 흘렀다. 우리 세 딸도 몇 가지 작품을 좋아하지만, 집 구조상 그처럼 덩치 큰 조형물을 보관할 수 없어서 아쉽다. 앞으로 미국의 대표적 미술품 거래시장으로 꼽히는 소더비즈Sotheby's나 크리스티즈Christies 등의 경매장에 우리 소장품을 내놓을 수 있는 기회가 있을 것이다. 혹은 우리가 소장한 유리조형물을 대형 박물관에 기증할 수도 있다.

우리는 후자를 택했다. 플로리다 주 사라소타에 거주했던 우리

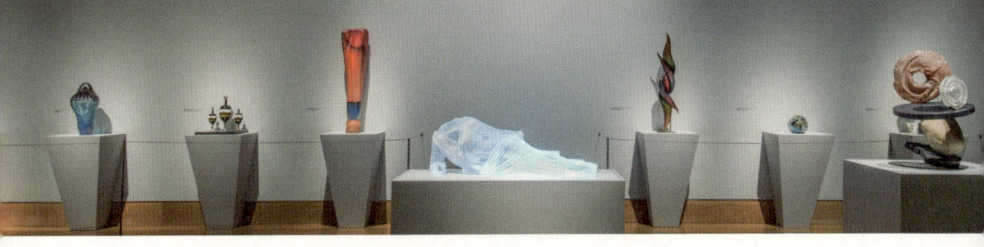

우리 부부가 기증한 소장품들

부부는 현지에 소재한 대형 미술관인 링글링 예술박물관Ringling Museum of Art에 연락을 취했다. 이 박물관에는 훌륭한 바로크 미술품이 전시되어 있는데, 최근에는 현대 미술품까지 선보이고 있다. 또한 얼마 전에는 역사적 가치가 있는 사진작품을 입수하기도 했으며, 우리 부부의 소장품에도 강한 관심을 보이고 있다. 2013년 11월 이 박물관 개관기념전 행사를 위해 우리가 모은 소장품 30점을 기증하게 되어서 매우 기쁘다. 앞으로 더 많은 작품을 기증할 생각이다. 전시회는 2014년 6월까지 계속되었다. 그동안 많은 분들이 참석하여 전시회를 빛내주었다. 우리 부부는 사라소타 우리 집에 전시한 소장품들을 감상하는 것은 물론 4킬로미터 남짓 떨어진 박물관을 찾아가 우리가 기증한 작품들을 감상하고 평가한다. 이렇게 우리 부부는 미술품을 계속 수집해나가는 동시에 우리 소장품을 많은 관람객과 공유하고 있다.

Chapter. 36

스웨덴

평생 잊지 못할 추억의 나라

오래전에 마퀴스 차일즈Marquis Childs의 『스웨덴: 중도의 길 Sweden: The Middle Way』(1936년 출간)을 읽었다. 차일즈는 스웨덴이 어떻게 자본주의와 공산주의, 이 양극단에 서서 자유사회주의liberal socialism의 형태로 사회를 형성하고 있는지 보여주었다. 이 책은 협동조합운동, 주거운동, 복지운동 등 스웨덴의 복지가 빌진해온 과정을 설명한다.

 스웨덴은 건전하고 발전된 사회를 만들기 위해 오랫동안 노력을 기울여왔다. 예컨대 스웨덴은 주류 판매를 국가가 통제한다. 개인별로 술을 배급했으며 21세 이상의 시민들은 구매 기록을 남겨야 한다. 주류의 구매량도 상당히 제한적이다. 정부가 주류 유통을 독점했으며, 주류 가게들이 정부 독점에 의해 운영되었다. 아이들은 학교에 들어가면서부터 흡연이나 과음, 약물 남용의 위험에 대해 배운다. 스웨덴 사회가 시민들에게 건전하고 생산적인 삶을 살아갈 수 있게 책임 있는 시민의식을 심어주려고 애쓴다는 점에서 그들의 국가적 그림에 매료되었다.

또한 자동차 통행규칙을 왼쪽에서 오른쪽으로 전환하면서 스웨덴 정부가 보여준 탁월한 운영 방식이 꽤 인상 깊었다. 유럽대륙 국가 중 유일하게 왼쪽으로 통행했던 스웨덴은 정부 주도로 특정한 날, 특정한 시간을 정해 전체 자동차들이 일시에 통행방향을 바꾸도록 조치했다. 정확히 1967년 9월 3일 새벽 5시(교통체증이 없는 시간대)에 통행방향이 바뀌었고, 이 사실을 무려 4년에 걸쳐 스웨덴의 모든 운전자들에게 알렸다. 각종 운송수단과 정거장은 말할 것도 없고 승용차 및 대중교통 수단의 통행방향을 전환하고 도로의 출구와 입구를 변경하는 데 막대한 비용이 들어갔다. 도로 표지판을 바꾸는 일은 또 어떠한가. 이처럼 거리와 도로를 재건하여 전반적인 도로체계를 개선하고자 대규모 정책이 시행되었던 것이다.

이런 일이 순식간에 일어났다는 점도 놀랍다. 앞서 말한 1967년 9월 3일 확성기에서 '이제 전환해야 할 시간입니다'라는 말이 울려 퍼지자마자 교통 체계가 일시에 전환되었다. 이로 인해 엄청난 교통정체가 일어났지만, 인명 피해는 한 건도 일어나지 않

스웨덴의 우측 통행 캠페인

왔다. 이는 전 세계에서 가장 성공한 사회 마케팅 캠페인 사례라고 할 수 있다.

1991년에 강연섭외기관 Informationskollegiet.com의 크리스터 엥글레우스 Christer Engleus 씨가 내게 전화를 걸어왔다. 스톡홀름에 와서 하루 일정의 프레젠테이션을 진행해달라고 그는 내게 부탁했다. 강연 주제는 경제적 번영 속 마케팅의 중요한 역할이었다. 아침 9시에 시작하여 오후 5시에 강연을 마치는 일정이었는데, 점심시간을 합하고 두 번의 휴식시간을 고려하면 총 6시간의 강연 일정이었다. 강연 관련 사항에 서로 합의한 이후 크리스터와 나는 지금까지 좋은 친분 관계를 유지하고 있다. 그는 보기 드물게 마케팅 정신이 투철한 기업가였다. 어떤 사업을 맡든 보기 좋게 성공시킬 것 같은 사람이었다.

크러스터는 매년 9월이 오면, '코틀러 데이 Kotelr Day'라고 하면서 나를 스톡홀름에 초대했다. 이렇게 매년 9월에 열린 세미나에

강연 중인 나

800~1200명에 이르는 경영자와 CEO들이 몰려들었다. 2005년 마지막으로 진행했던 세미나가 기억에 선하다. 그날 크리스는 스톡홀름 곳곳에 '코틀러가 오고 있다'는 게시물을 걸어두었다. 또한 그는 매번 내가 강연장에 들어서기 직전에 영국 영화 「불의 전차Chariots of Fire」의 주제가를 틀어두었다. 그러다 내가 커튼 뒤에서 모습을 드러내고 강단에 오르니 참석자들이 박수갈채를 보냈다. 그와 함께한 내 강연은 늘 그렇게 시작되었다.

그리고 2005년, 스톡홀름에서 14년의 역사를 끝으로 마지막 '코틀러 데이' 행사가 진행되었다. 그날 크리스터는 스칸디나비

크리스터 엥글레우스

아 최고의 강연섭외기관 운영 일에서 손을 떼고 현지에서 온라인 데이트 사업을 시작하기로 했다고 내게 고백했다. 결혼생활도 끝냈으니 이제 새로운 여자를 만날 때가 되었다며 그는 농담 섞인 말을 건넸다. 이렇게 스웨덴에서 탄생한 퍼스트 데이트firstdate.com는 현재 현지에서 가장 성공한 데이트 업체로 자리매김했다. 얼마 전 그가 내게 보낸 편지가 모든 것을 보여준다. "우리는 막 걸음마 단계를 벗어나 업계 넘버원이 되었습니다. 너무 바빠서 24시간이 모자랄 정도입니다." 유럽 지역으로 사업을 확대하여 유럽 시장을 선도하는 데이트 서비스 업체가 되겠다고 그는 포부를 밝혔다. 그의 회사는 골드 클럽 회원들에게 데이트 개런티Date Guarantee를 제공한다. 골드 클럽 회원들이 6개월 동안 마음에 드는 이성을 만나지 못하는 경우 비용을 전액 보상해주는 것이다. '마케팅＋혁신'보다 더 효과적인 전략이 있을까? 마케팅과 혁신을 조합하는 사람은 성공을 보장받을 수밖에 없다.

1998년 초에는 스톡홀름 대학에서 명예박사학위를 수상하게 되었다는 연락을 받았다. 스톡홀름 대학의 에버트 굼메슨 교수가

에버트 굼메슨 교수

나를 추천했다는 사실을 나중에 알게 되었다. 나는 기쁜 마음을 안고 스톡홀름 대학으로 향하는 비행기에 올랐다. 목적지에 도착한 나는 저마다의 전문 분야에서 업적을 인정받은 여러 수상자들과 함께 수상대에 오를 준비를 했다. 또한 수상자들은 모두 사전 설명을 듣고 칼 구스타프 16세Carl XVI Gustaf 국왕과 아름다운 부인 실비아Silvia 왕비를 맞이했다. 난생 처음 국왕과 왕비를 만나는 일이라 무척 신경이 쓰였다. 수상대에 오른 나는 한쪽 손에 명예박사학위증을 들고 다른 한쪽 손으로 왕과 악수를 했다.

에버트 교수는 내 생각에 엄청난 영향을 미쳤다. 미국 마케팅 학계가 상품 마케팅 이론을 정립했다면, 에버트 교수는 1977년 서비스 마케팅 관련 책을 출간하는 등 서비스 마케팅의 개념을 도입했다. 이후 그는 『총체적 관계마케팅Total Relationship Marketing』이라는 혁신적인 책을 썼는데, 여기서 마케터들이 관리해야 하는 서른 가지 관계에 대해 설명했다. 이 책은 스웨덴 마케팅 연합Swedish Marketing Federation에 의해 그해 최고의 마케팅 서적으로 선정되었으며, 조만간 4판이 출간될 예정이다. 여기서 그치지 않고 그는 크리스 오탄데르Chris Ottander 상도 수상했다. 에버트 교수와 나는 20년 지기 우정을 나누었다. 그의 사상을 진심으로 존경한다.

이렇게 스웨덴은 특별한 추억이 서린 곳으로 내 가슴에 남아 있다.

Chapter. 37

인도네시아

마케팅 3.0 박물관을 열다

내가 난생 처음 인도네시아를 찾은 것은 한스 만달라스Hans Mandalas 씨가 초청한 덕분이었다. 당시 한스는 강연섭외기관을 운영하고 있었는데, 일찍이 피터 드러커에게 강연을 섭외하여 그를 인도네시아에 데려온 적도 있었다. 그는 서신으로 자카르타에서 하루 일정의 세미나를 진행해달라고 부탁했다. 시카고에서 자카르타까지 비행기로 17시간 이상이 걸렸지만, 나는 인구 2억 4200만 명의 나라를 직접 구경하고 그 역사와 유적을 체험해보고 싶었다.

그렇게 1981년 인도네시아의 경영자 700명 앞에서 강연을 펼

필립 코틀러의 『마케팅 관리론: 분석, 계획, 통제』 러시아어 초판

쳤다. 이후 발리에서 한 번 더 강연을 해달라는 한스의 요청에 따라 아내와 함께 발리를 찾았다. 우리 부부는 생태 자원의 보고라 불리는 휴양지에 머물며 발리의 아름다운 경치를 한껏 맛봤다. 현지 예술가들의 기이한 그림과 조각상을 보는 재미도 쏠쏠했다. 발리는 우리 부부에게 다시 돌아올 수밖에 없는 섬이었다.

인도네시아를 다시 방문하게 된 계기는 모스크바에서 우연한 만남이 이루어진 덕분이었다. 이야기는 내 책 『마케팅 관리론: 분석, 계획, 통제』이 러시아에서 처음으로 번역된 후 마케팅의 원리와 활용사례에 관한 강연 차 모스크바를 방문했던 때로 거슬러 올라간다. '마케팅'은 러시아어에 존재하지 않는 말이었다. 현지 출판사는 마땅한 번역어를 찾지 못해서 '마케팅'이라는 말을 그대로 사용했다. 그런데 이상한 일이 벌어졌다. 『마케팅 관리론: 분석, 계획, 통제』의 미국 판은 600쪽 분량이었는데, 러시아 판은 222쪽 분량밖에 되지 않았던 것이다. 책을 찬찬히 살펴보니 자본주의와 고객봉사 관련 내용을 모두 빼버린 것 같았다. 번역자의 말에 따르면 번역된 문장 하나하나 검열을 받았고, 검열관이 번역서를 대충 살펴보고 처리한 것이 분명했다.

당시 모스크바 강연에 참석한 강연가들 중에는 허마완 카타자야도 포함되어 있었다. 처음에는 허마완이 누구인지 몰랐다. 그가 내게 다가와 내 책들을 읽고 마케팅을 배웠다고 말하기 전까지 말이다. 알고 보니 그는 마크플러스MarkPlus라는 마케팅 교육 컨설팅 기업의 설립자였고 인도네시아 고객들을 상대로 마케팅 교육과 컨설팅을 제공하고 있었다. 그와 대화를 나누다 보니 날을 새도 모자랄 것 같았다. 그가 절친한 친구가 될 것 같다고 느낀 순간이었다. 서로가 1만 2000킬로미터나 떨어진 곳에 산다는 것은 우리에겐 아무런 의미가 없었다.

그로부터 얼마 지나지 않아 허마완이 강연을 요청했고, 나는 곧장 자카르타 행 비행기에 올랐다. 그는 나를 그의 5층짜리 건물에 데리고 가서는 마케팅 담당 직원들을 소개해주었다. 직원들은 하나같이 흠 잡을 데가 없는 사람들이었다. 나중에 그는 아들 마이클Michael과 딸 스테파니Stephanie를 소개해주었다. 마이클은 이후 MBA를 공부하기 위해 켈로그 경영대학원에 들어왔는데, 아버지를 닮아서인지 대학원 생활을 잘 해냈다.

허마완은 마케팅에 대한 독창적인 정신과 열정을 가진 사람이었다. 이런 점이 인상에 깊이 남았다. 그는 마케팅 프로세스와 수명주기 관련 이론을 내놓았다. 또한 워런 키건Warren Keegan의

『글로벌 마케팅 매니지먼트Global Marketing Management』에서 소개된 「마케팅 개념에 관한 18가지 지침The Eighteen Guiding Principles of the Marketing Concept」이라는 제목의 논문을 내게 보여주었다. 그의 논문을 보니 마케팅의 주요 개념이 통찰력 있게 정리되어 있었다.

 허마완이 인도네시아의 주요 인사들과 광범위한 인맥을 형성하고 있다는 점도 인상 깊었다. 그는 인도네시아 총리를 비롯해 여러 장관들, 인도네시아에서 사회적, 정치적 영향력이 있는 인사를 많이 알고 있었다. 그가 수실로 밤방 유도요노Susilo Bamban Yudhoyono 대통령을 만나는 자리에 나를 데려갔던 것을 잊을 수 없다. 대통령이 나를 맞이하는 첫마디는 내 책『국가 마케팅

수실로 밤방 유도요노 인도네시아 대통령

'마케팅 3.0'이라는 의미로 손짓하는 허마완 카타자야

『Marketing of Nations』을 읽었다는 것이었다. 장관이었을 때는 물론이고 이후 대통령이 되고 나서도 이 책을 읽었으며 경제성장을 가속화하면서 내 이론들을 참고했다고 대통령은 말했다.

허마완과의 관계는 진한 우정으로 발전했으며 여전히 끊임없이 지적 자극이 되고 있다. 더불어 나는 허마완과 함께 다섯 권의 책을 썼다.

특히 허마완과 최근 같이 쓴 『마켓 3.0: 모든 것을 바꾸어 놓을 새로운 시장의 도래』에서는 시장이 3단계(1.0시대-2.0시대-3.0시대)를 거쳐 진화한다는 개념을 펼쳐놓았다. 오늘날 거의 모든 기업들이 1.0시장에 머물러 있고, 다수의 기업들이 2.0시장을 이끌어가고 있으며, 소수의 기업들이 3.0시장을 선도하고 있다.

1.0시장의 기업들은 기능성이 좋은 제품을 만들고 경쟁 기업들보다 더 나은 가치를 고객들에게 전달함으로써 시장을 선도해나간다. 2.0시대의 기업들은 제품과 서비스에 감성을 담아내어 소비자의 필요와 욕구를 충족시킨다. 마지막으로 3.0시대의 기업들

은 소비자들의 욕구 충족에 만족하지 않고, 거기서 더 나아가 세상에 관심을 기울인다. 이런 3.0시대의 기업들은 세상에 대해 근심과 걱정을 보이며 빈곤국가에 적합한 제품과 서비스를 제공하고 사회적 가치를 창출한다. 많은 기업들이 3.0시장을 선도하길 바라마지 않는다.

허마완과 나는 2011년 5월 27일 발리 우붓에 마케팅 3.0 박물관을 개관했다. 이 박물관에서 세계적인 마케팅 전문가들의 업적을 들여다보고, 3.0시대 기업들의 제품과 서비스, 마케팅 3.0의 시대정신이 반영된 광고 등을 체험할 수 있다.

우리 가족과 함께 마케팅 3.0 박물관 개관식에 참여한 것은 잊지 못할 추억으로 남았다. 아내와 나는 큰딸 아미와 두 손주(조단과 제미)를 발리로 불러 수많은 인파 속에서 함께 개관식을 관람했다. 손주들은 개관식은 말할 것도 없고 수천 명의 인도네시아인 손님들이 내 여든 번째 생일을 축하해주는 모습을 보고 무척 감격했다.

「마켓 3.0: 모든 것을 바꾸어놓을 새로운 시장의 도래」

허마완 카타자야, 후이 덴 후안, 나 세 사람의 얼굴이 들어간 우표

나와 인도네시아와의 관계는 지금도 현재진행형이다. 2005년에는 인도네시아 정부가 허마완, 후이 덴 후안, 그리고 나, 이렇게 세 사람의 얼굴이 들어간 우표를 발행해주어서 무척 영광이었다. 이어서 2007년 인도네시아 관광 특별대사로 임명되는 영예를 얻었다. 그리고 2011년 5월, 발리 덴파사르 시는 내게 덴파사르 명예시민 자격을 수여했다.

Chapter. 38

태국
늘 웃음으로 맞이하는 사람들

태국과의 첫 만남은 내 태국 방문으로 이루어진 게 아니었다. 명배우 율 브린너Yul Brynner와 데보라 커Deborah Kerr가 주연한 영화 「왕과 나The King and I」를 통해 태국을 처음 접했다. 이 영화만큼 내 마음을 울린 것도 없다. 이 영화는 시암Siam, '타이'의 전 이름 왕과 영국 여인 안나Anna의 사랑 이야기다. 시암이 안나를 태국으로 불러 가정교사로 들이면서 벌어지는 에피소드를 중심으로 이야기가 전개된다.

태국은 현재 인구가 6500만 명에 이른다. 태국 사람들의 대부분은 불교를 믿으며 관광객들에게 매우 친절하기로 유명하다. 늘

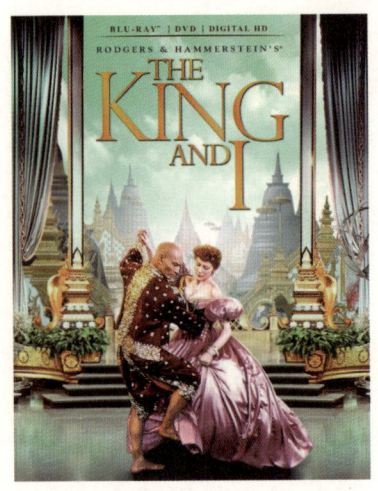

율 브린너와 데보라 커 주연의 영화 「왕과 나」

웃음을 잃지 않는 모습이 태국 사람들의 매력이다. 관광객들은 주로 치앙마이Chiang Mai와 푸켓Phuket을 찾을 뿐만 아니라 방콕의 사원과 유적지를 관람한다.

내가 태국에서 처음 인연을 맺은 사람은 박사과정 제자인 솜키드 자투스리피탁이다. 솜키드는 보면 볼수록 진국이어서 누구라도 좋아하지 않을 수 없었다. 나중에 알았지만 솜키드는 태국에서 매우 영향력 있는 가문 출신이었다. 또한 그의 형은 태국 금융계에서 꽤 알아주는 인물이었다. 솜키드는 노스웨스턴 대학에서 해외무역에 대한 훌륭한 논문으로 박사학위를 땄고, 곧장 방콕의 집으로 돌아갔다.

그로부터 몇 년 후, 솜키드가 내게 전화를 걸어왔다. 학계에 머

사원과 수상시장, 모두 태국의 아름다운 관광자원이다

물지, 정계로 진출할지 고민이라며 내게 조언을 구했다. 그는 마케팅 분야에서 한몫을 담당해야 할지, 정계에 입문하여 국가를 위해 일해야 할지, 두 선택 앞에서 갈등하는 것 같았다. 나는 인물 됨됨이가 좋고 전문지식을 충분히 갖췄으니 정계에 입문하여 국가에 헌신하라고 그에게 조언해주었다. 결국 솜키드는 정치인의 길을 선택했다. 그리고 몇 년이 흘렀을까. 한 태국 신문사 기자가 전화를 걸어왔다. 솜키드가 신임 재무장관에 임명되는 것을 어떻게 생각하는지 기자는 내게 물었다. 특히 솜키드의 전공이 재무가 아닌 마케팅이라는 사실에 우려를 표했다. 그래서 나는 이렇게 답했다. "재무장관들은 대부분 실패합니다. 태국이 마케팅 박사를 재무장관으로 임명한 최초의 국가가 되면 좋은 일이지요." 나는 솜키드가 성장해가는 과정을 지켜보았으며, 그가 태국 역사상 최고의 재무장관이 되었다는 이야기를 들었다. 그가 한 지역에서 한 가지 특화 상품을 내어 태국의 다른 지역에 판매하거나 해외로 수출하는 OVOP One Village-One Product 정책을 도입한 일이 떠오른다. 곧이어 솜키드는 태국 부총리에 임명되면서 2인자의 자리에 올랐다. 지금은 방콕에서 태국의 경제사회 현안 해결을 모색하는 싱크탱크를 이끌고 있다.

몇 년 전, 그가 영특한 학생 하나를 켈로그 경영대학원에 보내왔다. 수빗 메신세와의 인연은 그렇게 시작되었다. 켈로그에서 박사과정을 밟은 수빗은 이후 마케팅계의 독창적인 사상가로 성장했다. 그가 새로운 접근법을 창안하여 마케팅 현상에 대한 이

『국가 마케팅』

해를 확대하고 체계화시키는 모습을 보니 매우 기뻤다. 또한 그는 내가 솜키드와 함께 작업한 『국가 마케팅』의 저술에 세 번째 공동 저자로 참여했다.

그렇게 여러 모로 함께 작업을 하던 중 수빗은 방콕으로 돌아가 출랄롱코른 대학Chulalongkorn University 사신 경영대학원Sasin Graduate Institute of Business Administration에서 교편을 잡았다. 그렇다고 해서 수빗과의 인연이 끝난 것은 아니었다. 우리는 마케팅과 자본주의를 어떻게 새로운 관점에서 고찰하고 그에 관해 쓸 것인지를 두고 수시로 연락하며 의견을 주고받았다. 그러다가 우연찮게 태국을 다시 찾을 기회가 왔다. 덕분에 태국에서 수빗과 함께 연구를 진행하게 되었다.

때는 우리 부부가 일리노이 주 글렌코에서 거주했을 때로 거슬러 올라간다. 어느 날 우리 입주자 협의회에 새로운 이웃이 들어왔다. 방콕에서 온 요틴Yothin이라는 사람이었는데, 그는 『마케팅 관리론: 분석, 계획, 통제』로 마케팅을 공부했고 이 책의 저자

왼쪽부터 라다완, 요틴, 나, 파힘 키브리아Fahim Kibria 박사

인 나를 만나서 무척 영광이라고 말했다. 그리고 얼마 되지 않아 요틴은 우리 부부를 그의 요트에 초대했다. 덕분에 몬테네그로와 크로아티아 연안을 따라 일주일 내내 항해를 즐겼다. 그의 아내 라다완Ladawan, 그리고 다른 세 부부와 함께 크로아티아 연안을 여행하며 평생 잊지 못할 추억을 만들었다.

태국에서 복사용지 회사 더블 에이Double A를 운영하는 요틴은 내가 강연차 방콕에 갈 때마다 흥미로운 볼거리를 제공해주었다. 한 번은 태국 북부의 프라친부리에 위치한 더블 에이 공장을 보여주었다. 공장 주변에 나무가 많다 보니 마치 삼림욕장에 있는 듯했다. 또 한 번은 잉락 친나왓 총리에게 나를 소개해주었다. 그

자리에서 우리는 다음 WMS를 방콕에서 개최하고 싶다는 뜻을 잉락 총리에게 전했다. 세계 최고의 기업가들과 마케팅 전문가들을 태국에 초청하여 WMS가 태국의 미래 경제성장에 기여할 수 있는 방법을 모색할 계획이었다. 이에 잉락 총리는 우리의 계획을 높이 평가하고 축복을 빌어주었다.

수빗과의 인연이 다시 시작된 것은 바로 그즈음이었다. 일찍이 정부에서 고위관료로 일했던 수빗 또한 잉락 총리와 친분이 있었다. 수빗은 '2014 방콕 WMS' 개최 건을 두고 우리와 함께 움직이기로 했다. 우리 생각에는 2014 WMS를 준비하는 데 있어서 수빗 같은 적임자를 찾기 쉽지 않았다.

하지만 공교롭게도 2014년 2월 태국은 반정부 시위로 들끓었다. 시위는 몇 달은 계속될 것처럼 보였다. 결국 방콕을 포기할 수밖에 없었다. 2014 WMS는 2014년 9월 25일 도쿄에서 개최하는 것으로 결정되었다.

Chapter. 39

브라질

브릭스BRICS의 부상

참 흔치 않은 방법으로 난생 처음 브라질을 방문했다. 어느 날 내 친구이자 하버드 대학 교수인 스티븐 그레이어Steven Greyer가 연락을 해왔다. 하버드 동료인 로버트 버젤Robert Buzzell 교수와 함께 리우데자네이루에 강연 초청을 받았으며, 이 초청에는 그들이 나를 데려가는 조건이 붙었다는 이야기였다. 스티븐은 우리 세 사람 모두 부부동반으로 코파카바나 해변에서 즐거운 휴일을 만끽하면 좋겠다고 말했다. 낸시도 좋은 생각이라고 했다. 이렇게 세 부부가 보스턴에서 브라질로 향하는 비행기에 올랐다.
한 수출업자가 브라질로 제품을 보내면서 스페인어로 작성된

리오데자네이루 해변에서, 왼쪽부터 로버트 버젤, 나, 스티븐 그레이어

제품설명서를 동봉한 적이 있는데, 나는 그처럼 어이없는 실수를 저지르지 않을 만큼은 브라질에 대해 알고 있었다. 브라질 사람들은 스페인어가 아니라 포루투갈어를 사용한다!

리우데자네이루에 도착하자마자 현지 억만장자의 집에 초대받았던 기억이 난다. 하버드 출신인 그의 집을 보자마자 그 규모와 화려함에 입이 떡 벌어졌다. 그는 미리 자리를 잡고 있었던 자신의 친구들을 우리에게 소개해주었다. 또한 그는 훌륭한 브라질 음식을 대접해준 것은 말할 것도 없고 교향악단 전체를 초청하여 댄스 음악 연주를 맡겼다. 평생 잊지 못할 대단한 저녁이었다.

또한 우리 세 부부는 리우데자네이루 해변에서 햇볕을 쬐며 한가로이 시간을 보냈다. 그러면서 우리끼리 브라질의 명성을 올려주는 다섯 가지 'S'를 정리해보았다. 그 '5S'는 다음과 같다.

브라질 리우데자네이루 코르코바도 산 정상에 있는 그리스도상

- 태양(Sun)
- 삼바춤(Samba)
- 섹스(Sex)
- 축구(Soccer)
- 보석(Stones, 브라질 주얼리 브랜드 에이치스턴H.Stern이 선전하는 유명한 보석들)

시카고로 돌아와서는 브라질을 다시 찾을 일이 없을 것이라고 생각했다. 하지만 몇 달 후 모르는 사람이 내게 전화를 걸어왔다. 그는 호세 살리비Jose Salibi라고 자신의 이름을 밝힌 후 상파울루에서 하루 일정으로 열리는 마케팅 관련 세미나에 나를 강연자

로 초대하고 싶다고 말했다. 하지만 나는 그의 제안을 정중히 거절했다. 시카고에서 상파울루까지는 너무 멀고 당시만 해도 여행할 상황이 아니었다. 더군다나 런던에서 프랑크푸르트, 비엔나, 스웨덴까지 빡빡한 일정으로 강연을 돌고 막 귀국했던 참이었다. 호세는 적절한 보상을 해주겠다고 말했지만, 3~4일을 비행기를 타고 왔다 갔다 하며 강연을 한다는 것이 마음에 썩 내키지 않았다. 그러자 그가 흥미로운 질문을 던졌다. "교수님은 테니스를 치십니까?" 나는 그렇다고 대답했다. 그러자 그는 자신이 테니스 선수권 19위라고 말했다. 그가 세계 19위라는 것인지 브라질에서 19위라는 것인지 확실히 이해하지는 못했다. 어쨌든 그는 브라질에 오기만 하면 일주일 정도 테니스 교습을 해주겠다고 했다. 나는 그 말에 흔들리고 말았다. 결국 두 번째 브라질 여행길

호세 살리비와 함께

에 올랐다. 그러고 나서도 열두 차례 이상 브라질을 다시 찾았지만, 당시에만 해도 내가 그렇게 자주 브라질에 갈 줄은 예상하지 못했다.

호세 살리비는 사업가로서 범상치 않은 구석이 많은 사람이다. 알고 보니 그는 뉴욕의 한 공중전화 부스에서 내게 전화를 걸었는데, 동전이 부족해 전화가 끊길 상황에서 겨우 내 승낙을 얻어냈다고 했다. 그런 일이 있은 후 그는 HSM(S는 그의 이름 이니셜)이라는 회사를 설립하여 강연섭외 분야에 일대 혁신을 일으켰다. 특히 그는 섭외한 강연자, 청중, 후원자들에게 좋은 가치를 창출하고 전달함으로써 그들이 모두 만족하도록 각별히 신경을 썼다. 예컨대 강연에 참석하면 누구나 해외전화를 무료로 사용할 수 있도록 했고, 현지 의료보험 회사인 아밀Amil에 의뢰해 예기치 않은 위급상황 발생 시 의료진과 구급차가 출동할 수 있도록 조치해두었다.

호세는 잭 웰치Jack Welch, GE 회장, 루이스 거스너Louis Gerstner, IBM 회장, 존 챔버스John Chambers, 시스코 회장 등의 걸출한 경영자들을 비롯해 톰 피터스Tom Peters, 앨빈 토플러Alvin Toffler, 짐 콜린스Jim Collins 등의 저명한 경영학자들을 초빙하기 시작했다. HSM이 매년 진행하는 박람회EXPO에는 브라질 현지 기업의 CEO들뿐만 아니라 기업 관계자들 5000명이 몰려들었다. 나는 몇 년에 한 번씩 강연차 브라질을 찾았다. 그 사이 브라질이 경제 개발도상국에서 신흥경제국으로 성장하는 과정을 지켜볼 수 있어서 좋았다. 또한 호세가 초청해준 덕분에 포르투알레그리와 포르탈레자 같은 브라질의 다른 도시들뿐만 아니라 아르헨티나(부에노스아이레스)와 우루과이(몬테비데오)에서도 강연을 할 수 있었다.

내가 브라질 현지 기업들에게 전했던 메시지는 간단했다. 판매 중심에서 마케팅 중심으로 사고를 전환하고 기존 상품의 판매 확대뿐 아니라 미래 사업과 시장 기회에 마케팅적 사고를 적용해야 한다는 것이었다. 늘 고객을 중심에 두라는 것이 핵심이었다. 오

축구를 사랑하는 브라질 국민들

왼쪽부터 벤 쉴즈, 어빙 레인, 나

늘날 브라질은 고도 경제성장을 경험한 브릭스BRICS: 브라질, 러시아, 인도, 중국 국가에 들어간다. 호세와 HSM 직원들이 브라질의 발전에 크게 기여했다고 나는 확신한다. 호세는 지금도 브라질의 여러 도시에 지사를 설립하는 것은 물론 상파울루에서 혁신적인 경영대학원 설립을 준비하느라 바쁘게 살고 있다. 이 또한 브라질의 미래에 헌신하는 일이 아닐까.

   호세와 관계를 유지한 덕분에 진행하게 된 일이 하나 더 있다. 호세는 스포츠를 사랑하는 자신과 브라질 사람들을 봐서라도 스포츠 마케팅 관련 서적을 집필해달라고 내게 부탁했다. 그의 요구를 흔쾌히 수락한 나는 곧바로 동료 교수인 어빙 레인, 벤 쉴즈Ben Shields와 함께 작업에 들어갔다. 그리고 우리 책에 『스포츠팬을 잡아라: 필립 코틀러의 스포츠 브랜드 마케팅The Elusive Fans: Reinventing Sports in a Crowded Marketplace』이라고 제목을 붙였고, 스포츠 자체를 강력한 브랜드로 변화시켜 고객과 팬들의 마음을 사로잡아야 한다고 주장했다. 스포츠 팀들은 대부분 어느 시즌에나 패배를 할 수 있는 일이고, 그래서 팬들이 1년 내내 그들의 활동에 관심을 유지하게 하는 것이 중요하다. 예컨대 메이저리그의 시카고 컵스Chicago Cubs 야구팀은 거의 우승하지 못했지만, 그럼에도 열광적인 팬들을 보유하고 있다. 팀의 감독과 선수들이 팬들과 함께 시간을 보내며 의견을 주고받는 구단, 이런 구단이 팬들의 충성을 이끌어내지 못할 리가 없다.

Chapter. 40

멕시코

아이들을 유능하고 성숙한 시민으로 키우다

나는 별일이 없는 한 해마다 멕시코에서 강연을 한다. 멕시코는 인구가 1억 1700만(해외에 거주하는 멕시코계 미국인들 3200만 명을 뺀 수치)에 이른다. 또 수도 멕시코시티 권역에만 2300만 명이 거주한다. 사정이 이러한데 브릭스 국가에만 초점을 맞추는 것은 현실과 맞지 않다고 생각했다. 그래서 미스트MIST: 멕시코, 인도네시아, 한국, 터키 국가들로 강연의 초점을 확대하면 좋겠다는 뜻을 현지 청중에게 전했다. 미스트 국가들도 큰 나라들이고, 브릭스 국가들과 비슷한 속도, 또는 그보다 더 빠른 속도로 GDP를 성장시키고 있기 때문이다. 이제부터 이 중요한 국가들을 모아서 브릭미스트BRICMIST 국가라고 부르겠다.

멕시코는 미래 성장동력이 풍부하다. 특히 젊은 세대에 주목할 필요가 있다. 멕시코는 수많은 기술자를 양성하고 있다. 사업가들도 많다. 미국도 멕시코에 상당한 자금을 투자하고 있다. 또한 제조업의 경쟁력이 상승하고 있다. 게다가 그루포 빔보Grupo Bimbo, 그루포 모델로Grupo Modelo, 텔레비사Televisa 같은 멕시코계 기업들이 미국 외에도 여러 국가에 세력을 확장하고 있다.

미국 남부의 이웃나라 멕시코, 이 나라의 대표 도시인 멕시코시티와 몬테레이에서 참 많은 강연을 했다. 현지 박물관에서 멕시코 고대 문명의 조각물을 관람할 때는 눈이 즐거웠고, 멕시코 최고의 식당에서 군침 도는 현지 요리를 맛볼 때는 혀가 행복했다.

그간에 많은 멕시코 학생들이 MBA 학위를 따려고 켈로그 경영대학원에 들어왔다. 이 제자들과는 멕시코 강연을 빌미로 몇 년에 한 번씩 모임을 가진다. 내가 좋아하는 멕시코 제자들 중에서 마케팅에 대한 내 포부를 진지하게 받아들인 한 제자를 소개하지 않을 수 없다. 이 친구는 기업이 더 나은 세상을 만드는 데 공헌해야 한다는 점에서 나와 뜻을 같이했다.

23년 전 내가 가르쳤던 자비에 로페즈Xavier Lopez는 키자니아KidZania라는 기막힌 테마파크를 만들기 위해 지난 15년을 정신없이 보냈다. 키자니아는 4~14세 아이들이 놀고 즐기는 공간이라는 점에서 디즈니랜드와 비슷하지만, 아이들에게 다양한 직업체험을 제공한다는 점에서 일반 놀이공원과는 차별화된다.

왼쪽부터 키자니아 설립자 자비에 로페즈와 나

4~14세 연령의 아이들은 대부분 직업 세계에 대해 잘 알지 못한다. 아빠와 엄마가 아침에 출근해서 무슨 일을 하는지도 알지 못한다. 학교를 졸업하고 성장하여 무슨 일을 해야 할지 생각하는 경우도 드물다. 아이들은 대부분 세상을 살아가며 배우고 습득해야 하는 직업이나 직장생활, 전문 기술에 대한 개념이 별로 없다.

키자니아를 찾은 아이들은 음료 공장이나 사탕 공장 등 다양한 공장에서 일을 할 수 있다. 아이들은 각종 공장에서 사탕, 시리얼, 초콜릿, 패스트리, 젤리 같은 식품을 직접 만들어본다. 또한 은행, 미용실, 병원, 호텔, 동물병원, 광고기획사, 신문사, 라디오방송국 또는 TV 방송국 등 일하고 싶은 직장을 선택할 수 있다. 여기서 끝이 아니다. 경찰서, 소방서, 교도소, 법원, 시청은 물론 극장, 요리학교, 모델촬영 스튜디오, 미술학교, 대학에서 일하는 체험을 할 수도 있다. 키자니아를 찾는 사람은 하루에 약 3600명에 이른

소방관 체험을 하는 아이들

다. 1년으로 따지면 약 80만 명이 키자니아를 찾는 것이다.

 키자니아에서 벌어지는 일들은 꽤 인상 깊었다. 입구를 지나 안쪽으로 들어가 보니, 한 무리의 아이들이 가상의 병원에서 의사 차림을 한 채 '가짜' 환자를 진료하고 있었다. 법정에서 재판이 열리는 광경도 목격했다. 피의자, 검사, 변호사, 판사, 배심원단의 모습이 보였다. 국회의사당에서는 민생 문제를 협의하는 국회의원들 앞에서 꼬마 시장이 연설을 하고 있었다. 꼬마 소방관들이 불이 난 건물에 소화기를 뿌리며 화재를 진압하는 모습도 보였다. 한 아이는 애견의 치아를 닦고 목욕을 시키면서 애견을 어떻게 관리하고 훈련시키는지 설명하고 있었다. 타이어 교체하는 법을 배우는 아이들도 보였고, 슈퍼마켓을 운영하거나 식당을 운영하는 법을 배우는 아이들도 보였다.

아이들은 학교에서 이런 체험을 하지 않는다. 학교에서는 읽고 쓰는 법을 배운다. 또한 수학, 지리, 역사를 배우지만 직장생활과 사회구성원으로서의 삶을 접하고 오락 활동을 할 기회가 별로 없다. 이처럼 학교에서 하지 못하는 체험을 키자니아가 보완해준다.

자비에는 1999년 9월 멕시코 산타파(멕시코시티 근교)에서 키자니아 본점의 문을 열었다. 또한 뜻이 같은 사람들을 모아 자금을 마련하고 공원을 만드는가 하면 멕시코시티와 산타페 소재 대형 쇼핑몰에 테마파크를 조성했다. 이 쇼핑몰은 점포가 300개에 이르고 5000대의 차량이 주차를 할 수 있다. 나는 거기서 아이들이 직업을 선택하는 광경을 직접 목격했다. 테마파크 안에는 병원, 호텔, 은행, TV방송국, 경찰서, 소방서, 법원, 요리학교, 모델 스튜디오 등 실제 건물 형태를 모방한 작은 건물들이 들어서 있다.

자비에의 말에 따르면, 놀라운 직업세계 체험은 말할 것도 없고 다음과 같이 사회구성원으로서 함양해야 할 다섯 가지 중요한 테마를 체득시키는 것이 키자니아의 설립 취지라고 한다.

- 아이들은 안전하게 운전하는 법을 배워야 한다. 또한 자동차, 오토바이, 자전거 고치는 방법을 알아야 한다. 이 모든 것을 키자니아에서 배울 수 있다.
- 아이들은 물을 절약해야 하는 이유를 알아야 할 뿐만 아니라 도시의 폐수처리 시스템이 깨끗한 식수를 공급하는 과정을 파악해야 한다.

- 아이들은 스스로 유권자라는 사실을 인식하고 민주주의의 3권인 입법, 사법, 행정에 참여해야 한다.
- 아이들은 지속가능한 행동을 선택하기 위해, 쓰레기를 수거하고 재활용, 재사용하는 과정을 파악해야 한다.
- 아이들은 다양한 사람들, 특히 눈이나 귀에 장애가 있는 사람이나 불구자를 만나 존중해주고 노인을 공경해야 한다.

아침 9시가 되면, 아이들이 부모나 교사들을 따라 키자니아에 몰려든다. 키자니아에 도착하자마자 아이들은 여권과 비자, 탑승권을 발급받고 각종 물건과 서비스를 구매할 수 있는 가상의 돈을 지급받는다. 또한 아이들에게 위치추적 장치가 내장된 손목시계를 나눠준다. 이것으로 아이들이 도시 어디에 있는지, 어떤 가게로 들어가고 어떤 행사를 보고 있는지 확인할 수 있다. 부모나 교사들이 언제라도 아이들의 위치를 쉽게 파악할 수 있는 것이다.

키자니아는 현재 11개국에서 운영되고 있으며, 10개 지역에 더 유치할 계획이다. 즉 자비에와 그의 팀은 지금까지 멕시코 산타페와 몬테레이, 쿠이쿠일코, 일본 도쿄와 고시엔, 인도네시아 자카르타, 포르투갈 리스본, 아랍에미리트연합 두바이, 한국 서울, 밀레이시아 쿠알라룸푸르, 칠레 산티아고, 태국 방콕, 쿠웨이트 쿠웨이트시티, 이집트 카이로, 인도 뭄바이에서 키자니아를 개장했다. 이에 더해 세계 각지 9개 지역에서 개장을 준비 중에 있다.

키자니아에 가보면, 이곳을 체험한 아이들이 그렇지 않은 아이

에어아시아 비행기가 인상적인 말레이시아 키자니아 건물

들보다 더 나은 시민으로 성장한다고 확신하게 된다. (아이들은 여러 차례 키자니아를 방문하면서 많은 것을 보고 배운다.) 키자니아가 제공하는 체험은 특히 다양한 직업을 접할 기회가 적은 저소득층 자녀나 고아들에게 매우 좋은 영향을 미친다. 아무쪼록 키자니아를 체험한 아이들이 유능하고 지혜로운 세대로 성장하길 바라마지 않는다.

자비에 로페즈와 나 사이에 벌어진 일이지만, 자비에 같은 옛 제자가 세계적인 다국적 기업의 CEO가 되었을 때 그를 가르친 교수가 어떤 기분을 느낄지 누구나 예상할 수 있을 것이다. 나는 자비에가 자신의 일로 세상을 더 나은 곳으로 만들고 있다는 사실이 무척 자랑스럽다. 그가 단지 멕시코 현지에서 거대 기업의 CEO가 되었다면 이렇게까지 기쁘지는 않았을 것이다.

Chapter. 41

이탈리아
전쟁의 아픔을 딛고 일어선 저력의 나라

예전에 세계 일주를 해보면 어떨까 생각해본 적이 있다. 전 세계에 193개국이 있다는 사실을 알았을 때, 문득 그런 생각이 들었다. 그러다가 한 번에 많은 국가를 방문하기보다는 몇 개 국가를 자주 방문하는 편이 더 의미가 있을 것 같다는 생각을 했다. 이탈리아가 그랬다. 플로렌스와 베니스만 구경하고 이탈리아를 다녀왔다고 말할 수는 없으니까. 두 도시 외에도 이탈리아에는 보물 같은 도시들이 많이 있다. 그 도시들은 예술과 문화에 대한 내 호기심을 한껏 충족시켜준다. 지금은 이탈리아를 제집 드나들 듯이 할 정도니까 말이다.

왼쪽부터 소피아 로렌, 지나 롤로브리지다

누군가가 내게 이렇게 물은 적이 있다. "서구의 지적, 심미적 수준을 높이는 데 가장 기여한 국가는 어디입니까?" 이런 질문을 받으면 진리, 선, 아름다움에 대해 심오한 화두를 던진 고대 그리스의 철학자가 떠오를지 모른다. 혹은 표트르 대제하의 러시아가 그토록 모방하려고 했던 18세기 프랑스 예술의 우아함은 어떠한가? 독일 사람들은 명문 대학과 연구기관을 설립하고 바흐, 베토벤, 브람스, 모차르트 같은 위대한 음악가들을 배출했으니 독일이 서양 문화의 발전에 기여했다고 주장할 것이다. 혹은 영국이라면 셰익스피어의 희곡이 역사상 가장 위대한 문학작품이라고 주장할 것이다.

다른 사람들은 어떨지 몰라도 나는 이탈리아에 한 표를 던지겠다. 이탈리아 사람들은 인간의 기량이 발휘되는 수많은 예술적 영역의 발전에 기여했다. 미켈란젤로와 베르니니의 조각이 없

피에트로 귀도와 함께

었다면, 레오나르도 다빈치와 카라비조의 그림이 없었다면 인류의 삶은 어떠했을까? 푸치니와 베르디의 오페라 음악이 없었다면 우리의 삶은 어떠했을까? 갈릴레오, 알레산드로 볼타, 굴리엘모 마르코니, 엔리코 페르미가 없었다면 우리의 지적 과학적 삶은 어떻게 흘러갔을까? 페라가모, 구찌, 아르마니처럼 최고의 원단과 원료를 고집하는 세계적 의류 잡화 브랜드가 없었다면 우리의 패션은 어떻게 되었을까? 맛의 절정을 이루는 파스타와 리소토, 피자가 없었다면 우리는 어떻게 먹는 즐거움을 누렸을까? 소피아 로렌Sophia Loren과 지나 롤로브리지다Gina Lollobrigida를 알지 못했다면 우리는 어떻게 아름다움을 정의내릴 수 있을까?

내 친구 피에트로 귀도Pietro Guido 덕분에 나는 11년 동안 밀라노의 경영자협회를 대상으로 하루 일정의 마케팅 강연을 했다. 피에트로가 몬테디손Montedison, 이탈리아를 대표하는 화학 전력 회사에서 일하다가 회사를 그만두고 경영교육 기관에 들어가면서 그와 나의 인연이 시작되었다. 그는 내 강연 때마다 수많은 청중을 모아주었다. 이탈리아 경영계가 마케팅 지식의 폭을 넓힌 게 다 내 덕분이라며 나를 치켜세워주기도 했다.

내가 밀라노를 찾을 때면 피에트로가 늘 손수 마중을 나왔다. 그를 보자마자 내가 던지는 첫 질문은 늘 이탈리아 경제상황에 관한 것이었다. "얼마나 어려운가요?"라는 질문은 통과의례 같은 것이었다. 그래서 경제적 어려움의 강도를 1에서 10까지의 범위로 따지기로 우리끼리 입을 맞췄다. "피에트로, 올해 이탈리아 경제는 얼마나 어려운가요?" 내가 이렇게 물으면, 피에트로가 답을 주는 식이었다. 그는 몇 년 동안 5에서 7로 답했다. 그런데 그는 갈수록 비관적인 태도를 취했다. 언제부터인가 8이나 9를 제시했다. 그래서 한 번은 이렇게 물어보았다. "경제적 상황이 좋은 국가로 거처를 옮기지 그래요. 왜 그러지 않죠?" 그러자 그가 답했다. "그 모든 문제에도 불구하고 이탈리아를 무척 사랑하니까요."

그토록 많은 강연가들의 버팀목이 되어준 것도 모자라 피에트로는 왕성히 저술 활동을 펼쳤다. 그의 책들 중에는 『마케팅의 종말The End of Marketing』이라는 제목의 책도 있다. 또 다른 책에서는 이탈리아가 실제로 세 개의 국가로 이루어져 있어 그 구조를 깨버려야 한다고 주장했다. 그의 말에 따르면, 북부 이탈리아는 모든 돈을 끌어 모으고, 남부 이탈리아는 모든 돈을 날려버린다.

그리고 로마와 그 정부는 모든 돈을 흡입해버린다.

피에트로가 처음으로 저녁 식사에 나를 초대했던 일이 떠오른다. 그의 집에 들어섰을 때 눈에 보이는 광경이 믿기지 않을 정도였다. 벽 곳곳에 걸려 있는 그림들은 인상파 시대의 걸작들이었다. 피사로, 드가, 르누아르, 시슬레 등 인상파 화가들의 작품이 눈에 들어왔다. 나는 놀란 눈을 하고 그에게 말했다. "피에트로, 이 그림들을 지키려면 경비원을 상시 대기시켜야겠어요." 그러자 그가 답했다. "그러지 않아도 됩니다. 다 제가 그린 것들이에요." 그가 화가로서 그토록 뛰어난 재능을 가졌다는 사실을 그때 처음 알았다. 그는 관심 있는 그림이라면 무엇이든 똑같이 그릴 수 있었다. 내게 '피사로의 작품'을 선물해 준 적이 있는데, 그 그림은 내 연구실에 걸려 있다.

이탈리아가 서구 문화에 크게 기여했다고 말할 때마다, 세계의 문화에 크게 기여한 아시아 국가들에 관심을 소홀히 한 것 같아 미안한 기분이 들곤 한다. 한국, 중국, 일본, 인도 등 위대한 아시아 문명의 가르침이 있기에 우리 삶은 매우 즐겁고 충만하다. 지금 서구세계는 훌륭한 삶에 대한 해법을 찾기 위해 아시아로 눈을 돌리고 있다.

Part. 5

앞으로 우리가 나아갈 길

PHILIP KOTLER
MY ADVENTURE IN MARKETING

Chapter. 42

국가
더 이상 독립적인 국가는 없다

잠재력을 최대한 발휘하는 국가는 없다!

이 말은 아이티와 예맨처럼 경제가 악화된 국가들이나 북한과 라오스처럼 빈곤에 시달리는 국가들에게만 적용되지는 않는다. 이탈리아, 스페인, 포르투갈, 그리스 등에도 똑같은 말을 적용할 수 있다. 미국은 현재 저소득층이 인구의 15퍼센트, 고등학교 졸업 후 대학에 가지 않는 학생들이 인구의 30퍼센트에 이른다. 이런 미국은 잠재력을 최대한 발휘한 것일까?

국가가 그 잠재력을 최대한 발휘한다는 말은 무슨 의미일까? 국가들은 저마다 천연자원을 물려받고, 그 시민들은 나름의 역사와 문화, 행동양식을 이어받는다. 그렇다면 국가는 그 인적자원과 천연자원을 잘 활용하고 있을까? 그 시민들은 열망을 가지고 그런 일을 실현하려고 노력할까? 답은 거의 그렇지 않다는 것이다.

경제학자들은 그간에 국가의 운영에 도움이 될 만한 전 분야(경제개발 이론)를 일구어냈다. 일부 개발경제학자들은 자본의 증가가 생산성의 증가로 이어진다며 자본 형성capital formation의 개념을 강조한다. 수입보다 수출을 늘려야 한다며 해외무역을 강조하는 학자들도 있다. 또한 교육과 훈련으로 국가의 성장과 발전에 필요한 기술을 양성해야 한다며 인적자본 개발에서 해법을 찾는 경우도 있다. 일각에서는 기업을 지원하면 일자리가 창출된다며 기업가들에게 열쇠가 있다고 본다.

오늘날에는 두 국제금융기관, 세계은행과 IMF가 세계 경제성장을 촉진하는 역할을 하고 있다. 이외에 미국의 연방준비은행Federal Reserv, 독일의 도이체방크Deutsche Bank, 유럽중앙은행European Central Bank 등 중앙은행들이 각국의 경제안정을 꾀하고 있다. 기업들의 대출과 차입, 투자에 대한 지역적, 국가적, 지방적 수요를 촉진, 조절하는 것이 중앙은행의 역할이다. 올바른 금융기관의 역할과 정책 없이는 국가의 잠재력을 끌어낼 수 없다. 하지만 대형 은행들이 대출의 확대를 거부하거나 신용확대에 지나치게 관대한 태도를 취할 때처럼 금융 정책이 늘 성공하는 것은 아니다. 중앙은행은 이 양극단에서 경제를 잘 안정시켜야 한다.

IMF   세계은행

　앞서 소개했듯이, 솜키드 자투스리피탁, 수빗 메신세와 함께 쓴 『국가 마케팅』에서는 국가가 처한 경제상황을 평가하고 국부를 창출하기 위한 정책과 전략 개발에 대해 설명했다. 그런데 국가가 그 잠재력을 최대한 끌어내는 일은 경제학의 범주를 훨씬 넘어선다. 훌륭한 경제이론도 정치적, 지리적, 문화적 요인 때문에 왜곡되거나 무효가 되는 경우가 많다. 탐욕, 부패, 정실주의, 문화적 충돌 등의 요인은 국가의 잠재력 발휘를 막는 데 큰 몫을 한다. 소위 '아랍의 봄' 국가들(리비아, 이집트, 튀니지)은 여러 문제를 떠안고 있다 해도 한 단계 진보하기 위해 새로운 헌법과 법률을 제정하는 쪽으로 나아가야 한다.

　우리가 깨달은 사실은 국가를 운영하는 것이 얼마나 복잡하고 힘든 일인가 하는 점이다. 국가 안에 존재하는 저마다 다른 기득권층 사이에서 어떻게 공통의 기반을 찾을 수 있을까? 급속한 변화와 기술적 진보, 세계화의 추세 속에서 국가는 어떻게 적응해

나가야 할까? 한 국가의 미래가 해외시장과 해외자본, 해외 석유시장에 대한 의존도에 따라 결정되는 현실도 생각해봐야 한다. 한 국가가 그 운명을 통제할 수 있다는 생각이 이해되는가? 이탈리아, 스페인, 그리스, 프랑스 등 유럽중앙은행의 감독을 받는 유로존 국가는 얼마나 자주적일까? 해외자본의 유입으로 경제성장을 달성하는 개발도상국들은 얼마나 자주적일까?

더 이상 독립적인 국가는 없다. 오늘날 국가들은 국제적인 연합과 법규, 국가 간 의존관계로 복잡하게 얽힌 관계망에서 존재하고 운영된다.

그럼에도 각국이 결국 나름의 진실한 목표에 도달하기 위한 적절한 방법을 찾길 고대한다. 국민의 행복을 최우선 목표로 삼았을 뿐 아니라 GNH Gross National Happiness, 국민총행복라는 행복개념을 개발한 부탄 왕의 이야기가 떠오른다. GDP보다 GNH를 우선시하는 부탄은 국민들이 가장 행복을 느끼는 나라이다. GDP와 행복이 동시에 상승한다는 법은 없기에 국가는 생산증대에 주력할지, 행복증대에 주력할지 판단해야 한다.

Chapter. 43

개발의 동력

중심도시와 글로벌 기업의 협업

1973년 리처드 J. 바넷Richard J. Barnet과 로날드 E. 밀러Ronald E. Mueller가 『글로벌 범위: 다국적 기업의 영향력Global Reach: The Power of the Multinational Corporations』을 펴냈다. 이 책에서 두 저자는 다국적 기업의 성장과 영향력, 미국의 해외팽창과 식민지화에 한 몫을 한 다국적 기업들을 조목조목 비판한다. 그러면서 다국적 기업들이 다른 국가들을 이용하기 위해 생겨났다고 경고한다. 두 저자에 따르면, 다국적 기업들은 선진국들을 더 잘살게 만들고 후진국들을 더 못살게 만들 것이다. 미국과 기업들이 제한 없는 팽창을 못하도록 관련 정책을 도입해야 한다는 것이 두 저자의 주장이다.

두 사람의 제안이 실현되었다면, 경제적으로 취약한 국가들이 부를 쌓기는커녕 더 가난한 처지에 놓였을 것이다! 사실 저개발 국가들은 선진국과 개발도상국들 사이에서 발생하는 상업과 무역에 기대어 경제성장을 꾀한다. 또한 개발도상국들은 자본유치와 투자를 확대해야 한다. 궁핍한 국가들에 흘러들어가는 투자를 위축시켜봤자 결국 그들을 가난의 늪에 빠트릴 것이다.

경제개발의 실제 동력은 국가보다는 메가시티megacities, 거대도시와 중심도시에서 나온다. 즉, 글로벌 경제활동은 대부분 600개의 도시(베이징, 서울, 도쿄, 런던, 상파울로, 멕시코시티, 자카르타 같은 곳)에서 일어난다. 예컨대 미국의 10개 도시(뉴욕, 샌프란시스코, 마이애미, 보스턴, 시카고, 댈러스, 휴스턴, 애틀랜타, LA, 시애틀)는 미국 GDP의 상당 부분을 담당하고 있다. 유럽 최고의 도시들(런던, 프랑크푸르트, 베를린, 파리, 제네바, 밀라노)도 유럽 GDP의 상당 부분을 책임지고 있다. 인도의 경우, 현재 GDP의 54퍼센트가 10개 도시에서 창출되고 있다. 중국은 매달 300만 명이 도시로 이동한다.

메가시티와 그에 딸린 위성도시에서 GDP가 집중적으로 창출되고 있다면, 국가의 GDP 창출에 집중되는 대량판매 마케팅을 도시 마케팅으로 전환하여 메가시티와 중산층을 타깃으로 삼아야 한다. 이런 메가시티와 위성도시는 투자, 무역, 소비의 측면에서 전 세계적 흐름에 맞물려 있다.

메가시티를 '준 국가' 또는 '도시 국가'로 바라보는 관점도 있

대표적인 메가시티 뉴욕

다. 베니스, 밀란, 플로렌스, 제노바, 피사, 시에나, 루카, 크레모나를 비롯한 11세기의 도시들은 유럽의 상업 중심지가 되었으며 매우 독립적으로 운영되지 않았는가.

  한편 메가시티들은 경쟁관계나 동맹국으로서 역할을 하는 강대국, 중심 세력, 국제금융기구(세계은행, IMF), 세계 주요 은행, 다국적 기업 등과 긍정적이고 상호만족적인 관계를 형성해야 한다. 또한 교섭활동으로 다양한 관계와 기회를 형성하는 법을 터득해야 한다. 뿐만 아니라 내부 정책을 지원하고 보충해줄 수 있는 기업가 및 기업들을 유치할 줄 알아야 한다.

경제가 주로 대도시를 중심으로 성장하는 상황에서 국가는 어떤 역할을 해야 할까? 답을 찾기 위해 좀 더 기초적인 물음을 던질 수 있다. 국가는 왜 필요한가? 주요 도시들은 국가의 일부가 아니어도 목표를 잘 달성할 수 있지 않을까? 국가는 세금을 거둬들인 다음, 정치적 타협과 권력의 차이를 감안하여 지역사회에 자원을 배분한다. 이런 국가가 형성되면 도시에 어떤 이득이 돌아올까?

국가는 각각의 메가시티에 돌아갈 혜택을 창출한다. 이런 혜택은 국가 없이 누릴 수 없는 것이다. 즉 국가는 부유한 지역사회의 자원을 가난한 지역사회에 다시 배분할 수 있다. 이를 소위 중앙정부의 '재분배 기능redistributive function'이라고 한다. 또한 국가는 나름의 역사를 만들어나가고, 시민들에게 자부심과 목적의식을 심어주는 지도자를 양산한다. 이를 중앙정부의 '영웅적 기능heroic function'이라고 한다. 알다시피, 일부 국가의 시민들은 그들의 삶에 정체성과 의미를 부여하기 위해 자국을 '아버지의 나라(독일)' 또는 '어머니의 나라(러시아)'라고 부른다. 국가의 중요한 기능 중 국방의 기능도 빼놓을 수 없다. 개별 도시들은 외부 약탈자들의 공격 대상이 될 수 있기에 다른 지역사회들과 한 덩어리로 뭉쳐 자국을 방어한다.

하지만 역사를 거쳐오는 동안 전 세계 시민들이 대부분 중앙정부의 억압에 시달렸다는 사실이 안타깝다. 유럽 국가들은 대부분 군주제와 귀족정치로 운영되어 소유의 불평등을 야기했다. 때

아시아 시장의 거점 홍콩

문에 봉건시대의 시민들은 대부분 행복도 희망도 없이 최저생활 수준으로 살아갈 수밖에 없었다. 국가의 시민이 자기 자신을 운명의 주인으로 바라봐야 한다는 개념은 아테네 민주정치 이후 2000년이 지나 미국혁명과 프랑스혁명과 더불어 확산되었다.

그렇다면 중심도시들은 어떻게 그들의 운명을 개척할까? 분명한 사실은 각각의 중심도시는 주요 권력집단을 모아 함께 도시의 경제성장을 꾀한다는 것이다. 권력집단이라고 하면 대기업, 은행, 호텔, 대형 매체, 지역사회 조직 등을 말한다. 각각의 중심도시는 또한 자국, 자국 내의 다른 중심도시들, 원료 및 자원 공급

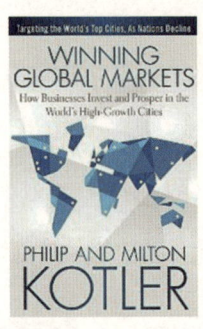

「글로벌 시장 전략」

기지들, 다른 국가들, 특히 해외의 다른 중심도시들, 국제기구들과 관계를 형성한다.

중심도시들과 협력하는 글로벌 기업들은 어떤 역할을 할까? 아시아 국가 같은 새로운 지역으로 진출하는 글로벌 기업들은 먼저 국가를 선택한 다음 그 국가 내의 중심도시를 선정하여 지역 본부로 삼아야 한다. 아시아 시장에서는 흔히 홍콩이나 싱가포르 같은 도시가 거점으로 선정되는데, 교통과 원격통신, 금융, 서비스 등 인프라가 탁월하고 정치적 안정성이 높기 때문이다. 때문에 관련 기업들에게서 이익과 자원을 끌어내는 능력이야말로 중심도시들이 경제성장을 하는 해법이다. 이런 능력은 심지어 자국에서 자원을 끌어내는 능력보다 더 중요한 것이다.

중심도시들 사이에서는 해외의 자본과 자원을 끌어오기 위한 경쟁이 벌어진다. 중심도시들은 무상으로 토지를 제공하고 세금을 환급해주고 삶의 질을 높이는 등 다양한 혜택을 제공하며 글로벌 기업을 유치하려고 한다. 한편으로 적절한 인프라(공항, 고속도로, 원격통신, 전력망 등)를 구축하여 자체적인 개발을 꾀하기도 한다.

요컨대 국가의 중심도시들은 자유와 기회, 보상책을 가지고 그 나름의 영향력과 브랜드를 구축해야 한다. 이 모든 것은 국가 전체의 발전에 기여하는 요인이 된다. 최근 내 동생 밀턴 코틀러와 함께 쓴 『글로벌 시장 전략』에서 중심도시들과 다국적 기업들 간의 관계에서 비롯되는 문제들을 분석해두었다.

Chapter. 44

셔터쿼

삶이 충만해지는 배움

해마다 6월 중순이 되면, 우리 부부는 뉴욕 주 셔터쿼Chautauqua로 떠날 준비를 한다. 두 달 정도 셔터쿼 소재 문화학교에서 머물기 위해 옷가지와 물품을 챙긴다. 케이프 코드나 슈퍼리어 호, 미시간 호와 같은 유명 관광지를 찾을 생각에 들뜨는 보통의 가족과는 다른 모습이다.

우리 가족은 왜 셔터쿼에서 여름을 보낼까? 셔터쿼는 어디에 있는 지역일까? 거기에 뭔가 특별한 것이 있을까?

셔터쿼는 뉴욕 주 서쪽 끝에 위치한 작은 호숫가(셔터쿼 호) 마을로 버펄로에서 자동차로 한 시간 반 거리에 있다. 1874년 주일학교 교사와 교회 봉사자를 훈련시키기 위한 모임으로 셔터쿼 학교가 설립되었고, 얼마 지나지 않아 강연가들을 초빙하여 주민들에게 교육을 했다. 셔터쿼 문화학교는 미국의 여러 도시와 마을에 뛰어난 연사들과 설교자들을 초청하여 조직적인 성인 교육을 펼쳤던 라이시엄 운동Lyceum Movement과 맥을 같이한다. 셔터쿼 운동이 시작된 이래 마크 트웨인Mark Twain, 테오도어 루즈벨트Theodore Roosevelt, 프랭클린 델라노 루즈벨트Franklin Delano Roosevelt 같은 유명인들이 셔터쿼에 초청되어 강연을 펼쳤다. 셔터쿼 문화학교에서 맞이하는 저녁은 특별한 즐거움으로 다가온다. 셔터쿼 심포니 오케스트라나 노스캐롤라이나 무용단의 공연이 펼쳐지거나 연극이 상연되기도 하고 가수나 코미디언이 등장하는 등 각종 행사가 진행된다.

셔터쿼 문화학교는 50년 전부터 9주 과정의 하계 프로그램을 운영하고 있다. 하계 프로그램은 강연 및 예술 공연, 다양한 종교 활동으로 구성되어 있으며, 매주 다른 테마로 진행된다. 2013년 하계 프로그램의 주별 테마는 다음과 같다.

1. 우리의 우아한 우주
2. 다음의 가장 위대한 세대
3. 1863년 미국
4. 시장과 윤리: 사회적 계약의 재구성
5. 행복의 추구

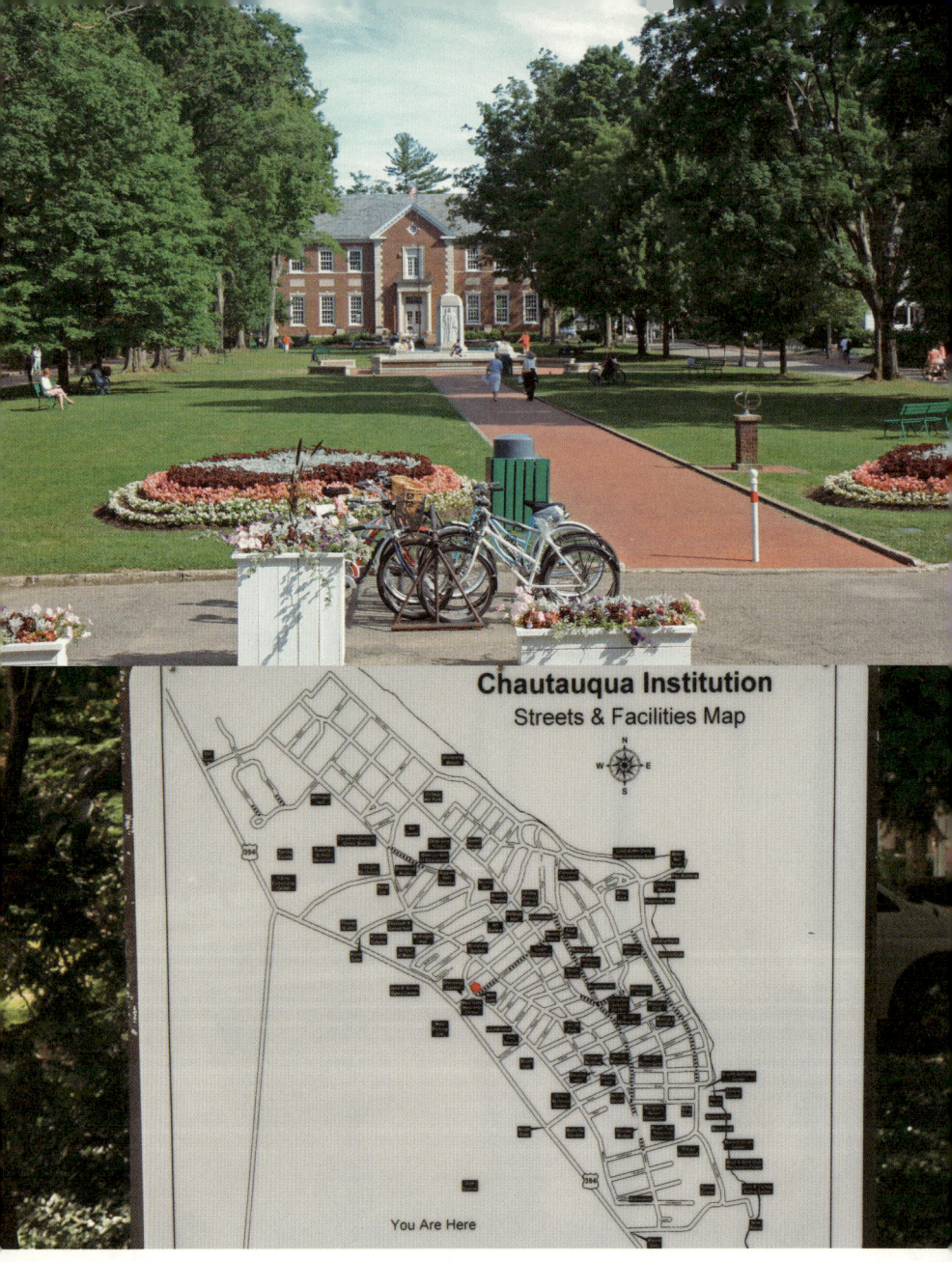

셔터쿼의 풍경과 셔쿼터 문화학교의 지도

6. 범죄와 처벌
7. 외교
8. 터키: 중동의 모델
9. 보건: 개혁과 혁신

   2013년 6월 24일 셔터쿼 문화학교에서 내가 체험했던 하루를 정리해보았다.

- 아침 10시 45분. 우리 부부와 4000명의 참가자들은 원형 극장에서 『숨겨진 현실The Hidden Reality』의 저자인 브라이언 그린Brian Green의 탁월한 강연을 들었다. 브라이언은 아인슈타인의 우주 통일장 이론을 소개하면서 여타의 과학자들이 빅뱅big bang, 양자이론quantum theory, 끈 이론string theory, 암흑 물질과 에너지 등 물리 이론의 체계를 수립하기 위해 얼마나 열정적으로 연구에 임하고 있는지 알려주었다.
- 오후 2시. 예일 대학 교수 메리 에블린 터커Mary Evelyn Tucker와 함께하는 대화모임에 참석하여 그녀의 다큐멘터리 영화「우주의 여정The Journey of the Universe」에 대해 이야기했다.
- 오후 3시 30분. 'OK 목장의 아가씨: 미국 국경에서 배우는 교훈Lady at the OK Corral: Lessons from the American Frontier'를 주제로 한 프린스턴 대학 교수 앤 커쉬너Ann Kirschner의 강연을 들었다.

셔터쿼 문화학교 원형 극장에서 진행되고 있는 강연

- 오후 5시 30분. 극장에 가서 다큐멘터리 영화 「우주의 여정」을 관람했다. 환경을 파괴하는, 규제되지 않는 힘에 직면한 지금 우주의 진화와 그 취약성에 대해 배울 수 있었다.
- 오후 8시 15분. 음악회에서 브로드웨이 멜로디를 부르는 두 가수의 공연을 관람했다.

 셔터쿼 문화학교에서는 9주 동안 하루도 쉬지 않고 일정이 진행된다. 그래서 보통은 만사가 귀찮은 지경에 이르는데, 그럴 때마다 햇볕이 들어오는 베란다에서 숲을 감상하거나 음악을 들으며 한가로운 시간을 보낸다. 그러다 보면 체력이 금세 보충된다. 그게 아니더라도 참가자들은 열띤 강연 대신에 보트 타기, 수

왼쪽부터 올리비아, 샘

영, 골프, 테니스 같은 스포츠를 언제라도 즐길 수 있다.

셔터쿼 문화학교에 있으면서 아름다운 공간에서 평생 학습을 하는 느낌이랄까. 우리는 하루 종일 바쁘게 움직이면서 삶이 충만해지는 기분을 느꼈다.

우리 아이들, 손주들과 함께 보낸 시간은 9주 과정 중의 하이라이트였다. 우리 둘째 딸 멜리사, 그리고 손주 올리비아17세, 샘13세, 사위 스티브Steve 루이Louie, 아이들이 기르는 허배너스 품종의 개와 함께 평생 잊지 못할 추억을 만들었다.

9주 과정의 프로그램을 마치고 나면, 저절로 어깨가 으쓱해진다. 다양한 분야의 지식으로 머리가 채워지고, 지인 및 친구들과 두고두고 나눌 수 있는 재밌는 추억거리를 만들었으니까.

Chapter. 45

명성

그 빛과 어둠을 알다

내 직업이 마케팅 전문가여서인지 그간에 많은 연예인 지망생들(가수, 음악가, 배우가 되려고 하는 사람들)이 인기 끄는 법을 알려달라며 문의를 해왔다. 연예인 지망생들은 하나같이 '유명해지거나' '더 유명해지고' 싶다고 말한다. 말하자면 그들에게는 마케팅 계획이라든가 브랜드 구축 계획이 필요한 것이다.

왜 그들은 '명성'을 얻으려 할까? 신인 여자 가수는 자신의 아름다운 목소리를 많은 청중에게 들려주고 수많은 팬들의 흠모를 받거나 소득을 높이고 싶어 할지 모른다. 바브라 스트라이샌드 Barbra Streisand, 마돈나 Madonna, 레이디 가가 Lady Gaga 같은 디바가 된다면 어떨까? 수많은 숭배자와 하인들에 둘러싸이고 호화로운 저택에서 영화 같은 삶을 살아갈까?

신인 여가수로 활동하고 있다면, 찬란한 성공과 명성에 뒤따르는 어두운 면을 봐야 한다. 즉, 성공을 달성하면 동시에 사생활과 익명성을 보장받지 못하게 된다. 세상에 얼굴이 알려지고 나면 가는 곳마다 사람들의 시선을 끌게 된다. 사람들은 그녀를 발견하자마자 사인을 해달고 하거나 사진을 함께 찍자고 요구한다. 파파라치에게 미행을 당하고 시시때때로 사진 찍힐지도 모른다.

때문에 그녀는 사생활 침해에 맞서 스스로를 보호해야 한다. 예컨대 대리인을 고용하여 사람들의 접근을 막을 수도 있다. 대리인은 극성팬들 모르게 숙소를 잡기도 하고, 음식점에서 외진 자리를 잡아 눈에 띄지 않게 식사할 수 있게 할 것이다. 또한 그녀는 선글라스를 끼고 평범한 차림새로 사람들의 시선에 자신이 노출되지 않도록 할 것이다.

한편 그녀는 한층 더 심각한 심리적 도전에 직면한다. 언론과 방송에서 그녀를 특정한 유형의 인물로 소개하기 때문이다. 그녀는 하나의 브랜드라고 할 수 있다. 이에 대중은 그녀의 브랜드에 합당한 것을 기대한다. 하지만 그녀의 대중적인 자아가 그녀의 개인적인 자아와 같을 순 없다.

미국의 저명한 소설가 노먼 메일러Norman Mailer는 미디어가 자신을 강인한 남자로 보이게 했다고 말했다. 결국 대중의 눈에 비친 모습을 쉽게 바꿀 수 없으니 그는 대중에게 강인한 모습을 보이려고 노력할 수밖에 없었다. 그의 실제 자아는 꽤나 달랐지만, 대중적인 이미지에 부합하게 행동해야 했던 것이다. 심리적으로 말하면 그의 실제 자아는 그에게 진짜 자아가 아니었다.

힌두교로 개종하고 이름을 '람 다스Ram Dass, '신의 종'이라는 의미'로 바꾼 하버드 대학 사회심리학 교수 리처드 앨퍼트Richard Alpert의 삶이 떠오른다. 미국을 떠나 인도로 건너간 리처드는 힌두교 복장을 하고 아픈 사람들과 죄수들을 비롯한 전 세계 사람들에게 지혜를 전하면서 미국에서 가장 존경받는 영적 스승이 되었다. 그런데 오랜 시간 영적 탐구자의 길을 걸었던 그는 어느 날 수염을 깎고 서구인의 복장으로 돌아왔다. 그러자 그를 따라다니던 모든 것이 어느 순간 사라졌다. 그는 더 이상 추종자들에게 존경의 대상이 아니었다. 그는 또 다른 서구인에 불과했다.

유명인들의 삶을 들여다보고 유명세에 관한 연구를 진행한 끝에 어빙 레인, 마이클 햄린Michael Hamlin, 마틴 스톨러Martin Stoller와 『퍼스널 마케팅: 탁월한 존재는 어떻게 만들어지는가?』(1987년

람 다스로 이름을 바꾼 리처드 앨퍼트 교수

『퍼스널 마케팅: 탁월한 존재는 어떻게 만들어지는가?』, 2판(2006년)

에 원고를 써서 1998년과 2006년에 수정)를 함께 썼다. 유명세를 얻고 싶은 사람들에게 마케팅 지침을 제공하는 것이 이 책의 출판 취지였다. 우리는 '명성의 산업화', 다시 말해 이미지를 꾸미는 분야가 산업화되는 현상에 주목했다. (오늘날 유명인들은 기획사나 개인 매니저, 프로모터의 도움을 받는다.) 사람을 하나의 브랜드로 보고 적절한 유통 채널에서 인지도와 몸값을 올려 막대한 혜택을 창출하는 시대가 온 것이다.

이를테면, 가수를 꿈꾸는 사람은 먼저 신인가수 오디션에서 실력을 선보이며 심사위원의 관심을 끌어야 할지 모른다. 혹은 소규모 나이트클럽에서 노래 부르는 일을 시작할지도 모른다. 그러다 이름이 조금 알려져 지역 신문사와 인터뷰를 진행할 기회가 생길 수도 있다. 또 운 좋게 깜짝 스타가 되면, 인기 토크쇼에 출연하여 수많은 시청자들에게 얼굴을 알리게 될지도 모른다. 팝스타 바브라 스트라이샌드에게도 바로 이런 식으로 행운이 찾아왔다. 조니 카슨Jonny Carson이 진행하는 유명 토크쇼인 투나잇

쇼Tonight Show에 출연한 그녀는 화려한 무대로 좌중을 압도했다. 바브라는 수많은 팬들 앞에서 공연을 하고 영화에 출연하는가 하면 다양한 사회활동을 후원하면서 동화 같은 삶을 살고 있다.

만약 과거를 되돌아본다면, 바브라는 스스로 선택한 길을 후회할까? 그녀가 어떻게 생각할지 잘 모르겠다. 즐거움이 넘치면 그만큼 고통도 따르기 마련이다.

대다수의 사람들은 연예인들에 비해 지리적, 전문적인 측면에서 훨씬 제한적으로 명성을 획득한다. 시카고에서 잘 알려진 개인상해 전문 변호사, LA에서 유명한 성형외과 의사, 일리노이 주 페오리아 소재 작은 마을에서 최고로 손꼽히는 목수를 생각해보자. 이들은 모두 지역적 수준에서 신뢰를 얻고 이름값을 할지 모른다. 하지만 사람들이 이들에게 달려들어 함께 사진을 찍자고 하거나 사인을 해달라고 요구하는 일은 없다. 이들의 얼굴은 사람들 사이에서 눈에 띄지 않는다. 때문에 이들은 가족이나 친구들과 함께 평화롭게 사생활을 즐길 수 있다. 그래서 소설가 그레엄 그린Graham Green은 자신의 얼굴이 알려지지 않아서 행복했다고 말했다. 그가 유명한 영화배우였다면, 그렇지 않았을 것이다.

유명한 마케팅 교수가 되기 위한 마케팅 계획을 수립했느냐고 질문을 받은 적이 있다. 한 번도 그런 적이 없다. 마케팅과 그 밖의 주제로 생각하고 연구하고 집필하는 일을 즐겼을 뿐이다. 자신이 좋아하는 일에 열정을 바치다 보면 높은 수준의 성과를 달성하게 되고, 또 그러다 보면 자연히 명성을 얻게 되는 법이다.

Chapter. 46

신경제

창조적인 파괴자가 되어라

이번에는 내가 오랫동안 관심을 가져온 혁신에 대해 이야기하겠다. 우리는 50년 전에는 상상도 못했던 기술적, 사회적, 경제적, 정치적 변화를 겪으며 지금에 이르렀다. 컴퓨터, 전자레인지, 피임약, 스마트폰, 인터넷, 로봇 기술, 나노테크놀로지, 신약, 수술 기술 등 현대에 개발된 혁신적인 기술들은 우리 삶을 완전히 바꿔놓았다.

이런 현실을 감안하여 ESADE(에사데, 스페인 종합대학인 에사데 대학 경영대학원)의 타고난 교수 페르난도 트리아스 데 베스Fernando Trias de Bes와 혁신에 관한 연구에 착수했다. 혁신자가 새로운 아이디

나와 페르난도 트리아스 데 베스, 『수평형 마케팅』

어를 창출하려면 수직적 사고가 아닌 수평적 사고를 해야 한다고 우리는 생각했다. 이를테면, 켈로그 같은 시리얼 회사는 매번 새로운 시리얼 제품을 출시하려고 하기보다(수직적 사고), 시리얼로 할 수 있는 뭔가 다른 것을 생각해야 한다(수평적 사고). 시리얼에 사탕과 초콜릿을 섞으면 어떨까? 요거트 용기 위에 작은 컵을 붙여서 요거트에 시리얼을 넣어 즐길 수 있게 하면 어떨까?

우리는 에드워드 드 보노Edward De Bono의 『드 보노의 수평적 사고Lateral Thinking』를 보고 수평적 사고나 '틀을 깨는 사고'에 대해 영감을 얻었다. 그러다 페르난도와 함께 『수평형 마케팅Lateral Marketing: New Techniques for Finding Breakthrough Ideas』을 써 출간하기에 이르렀다. 이후 페르난도는 자문을 요청해온 네슬레Nestle에 우리의 방법론에 입각하여 신제품 아이디어 기획과 마케팅에 대해 조언을 해주었다. 네슬레는 아이디어를 50개 이상 내놓았다. 그중 몇 가지가 꽤 인상 깊어 바로 실행하기도 했다.

우리는 기업들이 진정으로 혁신을 이룩해야 할 때가 되었다고 생각했다. 창조성을 끌어내 새로운 아이디어를 창출하기 위한 또 다른 방법이 필요했다. 그것은 기업의 사고방식에 혁신의 DNA를 심는 방법이었다. 우리는 혁신적인 조직에서 역할을 맡은 사람들을 유형별로 구분했다. 즉 이들은 아이디어를 생각해내는 활성자Activator, 아이디어가 독창적인지 아닌지 검토하는 탐색자Browser, 아이디어를 실험 가능한 개념으로 만들어 가치를 입증하는 창조자Creator, 아이디어를 시제품이나 비즈니스 모델로 전환하는 개발자Developer, 신제품을 출시하거나 사업을 진행하는 집행자Executor, 이 모든 활동에 대한 자금을 지원하는 재무자Financer로 나뉜다. 각 역할의 첫 글자를 보면 알겠지만, 우리는 이들을 '혁신의 ABCDEF 모델' 또는 'A-F 혁신 모델'이라고 부른다.

우리는 A에서 F까지 역할을 하는 사람들에게 각각 필요한 능력과 기술, 이들 사이의 관계를 정리하자는 취지로 『혁신에서 승리

『혁신에서 승리하라: A-F 혁신 모델』

하라: A-F 혁신 모델Winning at Innovation: The A to F Model』을 펴냈다.

흥미로운 사실은 혁신이 근본적으로 파괴적이라는 점이다. 이와 관련하여 저명한 경제학자 조지프 슘페터는 혁신이 '창조적 파괴creative destruction'를 이끈다고 말했다. 좀 더 최근에는 하버드 경영대학원 교수 클레이튼 크리스텐슨Clayton Christensen이 많은 사례를 들어 '파괴적 혁신'에 관해 폭넓게 설명했다. 처음에는 어디에선가 신제품이 출시되더라도 기존 사업에 전혀 위협이 되지 않을 수 있다. 또한 신제품은 가격이 싸더라도 기존 제품보다 성능이 떨어지고 저가 제품을 찾는 소수 소비자들의 눈에만 들지도 모른다. 그런데 신제품을 출시한 '파괴자disrupter'가 고객을 충분히 모아서 이윤을 창출하면 상황이 반전된다. 파괴자는 이윤을 활용하여 제품의 성능을 향상시키거나 가격을 더 내려버린다.

시장에 확고히 자리를 잡은 기업들은 대개 이윤이 낮은 제품을 버리고 이윤이 높은 제품을 생산하는 데 주력한다. 철강 산업이 바로 그러했다. 그러다 소규모 제강로mini mill가 이윤이 낮은 영역에 침투하기 시작했다. 문제는 그 과정이 지속되었다는 점이다. 혁신자는 발전을 거듭하면서 기존 기업들의 영역을 계속 침범한다. 철강 산업의 거대 공룡이었던 베들레헴 철강Bethlehem Steel이나 US 스틸U.S. Steel의 소식이 별로 들리지 않는 것도 다 그런 이유 때문이다.

대부분의 산업을 보면 과거부터 더딘 변화가 있었다. 하지만 대다수의 산업들은 과거보다 더욱 심각하게, 또 높은 빈도로 파괴되고 있다. 어떤 산업이 이런 파괴 속에서 자유로울까? 다음은 우리 차례가 아닐까? 그렇다면 어떻게 대처해야 할까?

필름 업계를 주름잡던 코닥Kodak은 자신들이 영원히 선두주자 자리를 유지할 것으로 예상했다. 필름이 사진을 찍고 퍼뜨리는 유일한 매체였기 때문이다. 하지만 코닥은 잘못 짚었다. 코닥은 디지털 시대가 왔다는 사실에 신속하게 대응하지 못했다. 오늘날 우리는 카메라뿐만 아니라 각종 디지털 기기로 사진을 찍고 그것을 즉시 컴퓨터에서 인쇄할 수 있다.

디지털 혁명의 영향으로 음악(MP3, P2P), 영화(영화 다운로드 서비스로 인해 영화관 관람객 수 감소), 서점(ebook 다운로드 서비스), 신문(신문 구독 수 감소) 등 다양한 산업이 파괴되는 현상을 우리는 목격했다.

우리의 대학도 최근 불확실한 미래에 직면했다. 얼마 전부터 온라인 강좌 붐이 일어났고, 하버드나 MIT, 스탠포드 같은 명문 대학의 교수진이 온라인 강좌에 참여하고 있으니까 말이다. 강의실에 가지 않고도 거의 모든 수업을 들을 수 있는데, 4년 동안 매년 4만 5000달러를 쓰면서까지 학위를 따고 싶겠는가? 더군다나 강의실이나 기숙사에서 동영상 강의를 듣는 경우도 많지 않은가? 지금은 인터넷만 뒤져봐도 공부에 필요한 자료를 구할 수 있다. 대학이 이런 온라인 자원 도입을 확대한다면 비용을 줄일 수 있을 것이다. 반면에 새로운 학습 시스템에 투자를 하지 않는 대학들은 파멸의 운명을 맞이할 것이다. 최고의 대학들은 아낌없이 베푸는 캠퍼스와 함께 번영하겠지만, 최하의 대학들은 문을 닫는 지경에 처할 것이다. 일부 파괴자들은 연간 1만 달러짜리 MBA를 도입하는 것을 목표로 하고 있다.

이는 시작에 불과하다. 인터넷 시대인 지금 시장 선도자들을 겨냥한 파괴적 혁신이 계속될 것이다. '협력적 소비collaborative consumption' 트렌드가 부상한 현상도 마찬가지다. 사람들은 집과 자동차 등의 자산을 생판 모르는 사람들에게 빌려주고 있다. 민박을 알선하는 에어비엔비Airbnb라는 사이트에 접속하면, 시중의 숙박비보다 훨씬 저렴하게 숙박을 제공하는 집주인들의 목록이 주르륵 뜬다. 릴레이 라이즈Relay Rides라는 사이트는 또 어떠한가. 이 사이트에서는 남들이 놀려두는 자동차를 빌릴 수 있다. 자동차를 대거 구입하여 사람들에게 빌려주고 수익을 올리는 사람들도 있다. 이런 트렌드가 확산되면서 잔디기계, 고속모터보트부터 다락방, 주차장까지 소유보다 임대를 선택하는 소비자들이 갈수록 늘어나고 있다. 이런 현상은 자동차와 고속모터보트 같은 장비를 제조하는 기업들에게 좋은 징조가 아니다. 하지만 소유하기보다 임대하려는 수요가 늘어나고 있다는 게 엄연한 현실이다. 소비자들은 비용이 줄어드는 쪽을 선택하기 마련이다.

엄청난 파괴적 혁신의 요인으로 새로운 비즈니스 모델이 속속 출현하고 있다. 혁신은 단순히 신제품을 개발하는 차원을 훨씬 넘어선다. 프레드 스미스Fred Smith가 페덱스FedEx를 창업했을 때, 미국 우체국은 경계를 했어야 했다. 소비자들이 비용을 조금

한때 세계 시장을 주도했던 코닥의 필름들

파괴적 혁신 기업의 하나인 페덱스

더 지불하더라도 다음날 아침 10시 30분에 우편물을 받으려 했기 때문에 페덱스의 서비스는 성공할 수밖에 없었다. 또한 잉그바르 캄프라드Ingvar Kamprad가 이케아Ikea를 설립했을 때, 가구점들은 아주 저렴한 가격에 양질의 가구를 공급하는 이 신규업체에 주목했어야 했다. 뿐만 아니라 레오나르도 리지오Leonard Riggio가 대형 서점 반스앤노블Barnes and Noble을 창립했을 때, 소규모 서점들은 이 거대한 침입자에게 상당수의 고객을 빼앗길 수 있다는 점을 인식했어야 했다. 여기서 끝이 아니다. 제프 베조스Jeff Bezos가 인터넷 서점 아마존Amazon을 설립했을 때, 창업자인 제프조차도 아마존의 점포방식 사업이 파괴될 수 있다는 것을 의식했어야 했다.

어느 기업이나 기존의 사업을 파괴할지 모르는 새로운 위협에 촉각을 곤두세워야 한다. 최고경영진은 기술, 소비자 취향, 사업 관행과 관련하여 어떤 변화가 조직의 기반을 무너뜨릴지 면밀히 감시해야 한다. 심각한 위협이 발견되는 즉시 두 가지 대안을 모색할 수 있다. 첫 번째 대안은 회사의 가치가 대부분 사라지기 전에, 또 경쟁자들이 위협을 인식하기 전에 회사를 매각하는 방법이다. 두 번째 대안은 자기파괴를 감행하는 것이다. 다시 말해, 다른 누군가가 선수를 치기 전에 기존 사업을 파기하는 데 노력을 쏟아야 한다는 말이다.

Chapter. 47

마케팅의 기능
소비자 주도로 진화하라

광고기획사 샛치 앤드 샛치Satchi and Satchi의 CEO 케빈 로버츠 Kevin Roberts가 그의 강연에서 '마케팅의 종말'에 관해 이야기한 적이 있다. 케빈은 '마케팅의 종말'이 '구식 마케팅의 종말'을 의미하는 것이라고 설명했다. 그의 말은 일리가 있었다. 지난 100년 이상 기업들은 회사와 상품을 바라보는 소비자들의 생각을 아주 잘 통제했다. 각각의 기업은 대량 광고를 활용해 소비자들의 태도와 행동을 변화시켰다.

이와 같은 구식 마케팅 영역은 디지털 세계가 팽창하면서 서서히 명맥을 잃어가고 있다. 오늘날의 소비자들은 주변 사람들과

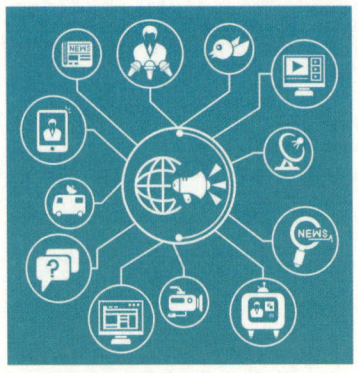

대량 광고의 네트워크

의견을 교환하고 인터넷에서 충분한 정보를 확인함으로써 기업과 상품을 면밀히 파악한다. 또한 소비자들은 소매업체를 상점이라기보다 '전시장showroom'의 개념으로 바라본다. 동일한 제품이라도 컴퓨터나 스마트폰으로 가격을 비교하여 최저가격을 제시하는 점포에서 제품을 구매한다.

이런 상황에서 기업들은 브랜드 구축에 대한 통제력을 잃어가고 있다. 지금은 소비자들이 인터넷에서 서로 정보를 주고받으며 브랜드를 창출하고 있다. 기업들은 여전히 30초짜리 광고의 효과를 어느 정도는 보고 있다. 하지만 예상컨대, 향후 10년 정도면 기업들은 소셜 디지털 미디어에 광고 예산의 절반 정도를 쏟아부어야 할지 모른다. 이런 일은 젊은 세대가 신문 읽는 것을 중단하고 티보TIVO 같은 디지털 장비로만 광고를 시청할 때 현실로 다가올 것이다.

마케팅의 기능은 커뮤니케이션의 범위를 훨씬 넘어선다. 이런 점에서 고객의 삶에 가치를 더하는 활동을 마케팅의 주요 목표로 삼아야 한다. 마케팅은 회사의 제공품으로 고객을 만족시키는 모든 면에 영향을 미친다. 제품, 기능, 가격, 가용성, 제품에 수반되는 서비스, 즉 우리가 잘 아는 '4P(제품, 가격, 유통, 홍보)'에 마케팅이 영향을 미쳐야 하는 것이다.

이와 관련하여 기업의 CMO(최고마케팅책임자)는 고객 가치를 정립하고 전달하는 책임을 져야 한다. CMO는 다른 책임자들(CFO 재무, CDO연구개발, COO운영, CIO정보)과 한자리에서 전략 계획을 수립하고 신제품을 기획한다. 하지만 내가 관찰해본 바로는, 오늘날 CMO의 역할은 여전히 제한되어 있다. 마케팅을 광고와 판매에 한정하는 시각이 경영자들 사이에서 여전히 팽배하다.

마케팅의 전통적 기능 중 일부는 다음과 같이 조직의 여러 부서에 넘어간 것 같다.

- 신제품 ⇨ R&D, 제품개발
- 혁신 ⇨ 운영
- 미디어 ⇨ 경영과학
- 유통채널 ⇨ 물류 및 공급망 관리 부서
- 시장 전략 ⇨ 전략 부서
- 서비스 ⇨ 고객 서비스 부서
- 데이터 마이닝Data Mining ⇨ IT 및 컴퓨터 과학

마케팅 영역에 남은 관리 기능은 다음과 같다.

- 커뮤니케이션
- 가격결정
- 브랜딩 및 제품차별화
- 고객행동

알다시피, CMO 자리가 고객의 관심을 충족시키기에 적절한 자리인지 아닌지 의견이 분분하다. 스위스 IMD 경영대학원 총장 도미니크 트루팽Dominique Turpin은 《파이낸셜 타임즈Financial Times》(2012년 11월 19일)에 「CMO는 사라졌다… COO를 반갑게 맞이합시다! 마케팅에 새 생명을 불어넣는 법The CMO is Dead… Welcome to the COO! How to Breathe New Life into Marketing」이라는 제목의 글을 기고했다.

도미니크는 기고한 글에서 현재의 CMO 자리에 존재하는 결점 네 가지를 언급했다.

1. 거의 모든 CMO들이 실제로는 마케팅 활동에 몰두하지 않는다. 그들은 커뮤니케이션에는 집중하지만 상품과 가격결정에는 관심을 두지 않는다.
2. CFO들의 영향력이 한층 커졌다. 어려운 시기여서 CFO들이 가격결정 통제권을 가지게 되었다. 또한 CFO가 CEO로 승진

하는 경우가 많아졌다. 그런데 그들은 CMO의 역할을 별로 중요시하지 않는다.
3. 막대한 비용을 지출하여 달성한 성과가 무엇인지, 특히 마케팅이 성과에 얼마나 영향을 미쳤는지 측정하기란 여간 어려운 일이 아니다. 어려운 시기에는 대개 마케팅 예산이 삭감된다.
4. 생산이나 재무의 개념은 누구나 다 알지만, 마케팅의 개념을 명확히 아는 사람은 없다.

이처럼 영향력이 갈수록 약해지고 있는 CMO 직책을 없애고 CCO Chief Customer Officer, 최고고객책임자라는 새로운 직책을 도입해야 한다고 도미니크는 주장한다. CCO는 고객의 취향과 욕구, 인기 트렌드를 파악해야 할 책임이 있다. 한편 그들은 고객에 대한 정보를 활용하여 상품기능과 가격결정을 논의하는 자리에서 영향력을 행사한다. CCO를 임명하는 기업들 역시 하나둘 나오고 있다.

하지만 CCO의 역할과 CMO의 역할이 어떤 점에서 다른지 잘 모르겠다. 어쨌든 조직에서 누군가는 마케팅 업무 전반을 관리해야 한다. 그 사람이 CMO가 되어야 한다는 생각에는 변함이 없다.

Chapter. 48

마케팅의 미래

마케팅은 살아 있는 이론

그간에 나는 시장과 시장행동, 마케팅 의사결정에 관한 보다 과학적이고 종합적인 원칙으로 마케팅 영역을 재정립했다. 사실 전 세계 마케팅 전문가와 경영자들 중에 내 책 한 권쯤은 읽지 않은 사람이 없을 것이다. 특히 『마케팅 관리론』은 15판까지, 『Kotler의 마케팅 원리』는 16판까지 출간되었는데, 그들은 이 책들을 가지고 마케팅의 기초를 다졌을 것이다. 이런 사실이 만족스러우면서도 한편으로 부담이 된다. 내가 정립한 이론과 지침이 잘못되었거나 효과가 미비하면 어떨까 걱정이 된다.

아직 반대이론이 나오지는 않았지만, 내 마케팅 접근법이 계속

『마케팅 관리론』 14판

우세하리라는 보장은 없다. 나는 늘 반대이론에 열려 있다. 마케팅 이론에 관한 토론을 늘 환영한다. 그것이 마케팅 분야의 발전을 도모하는 길이기 때문이다. 토론이 너무 많다기보다 너무 없는 것이 마케팅 분야의 문제라면 문제다.

여러 번 밝혔듯이, 마케팅 연구의 준비단계로서 경제학을 전공한 것이 참 잘한 일이라는 생각이 든다. 경제학을 공부한 덕분에 다양한 경제변수를 분석하는 법과 그것들이 서로 맞물려 작용하는 과정을 신중히 들여다볼 수 있다. 또한 자본주의 역학이 형성되는 데 자유기업이 어떤 역할을 하는지, 시장의 경쟁과 높은 수준의 기준을 유지하는 데 정부의 정책과 규제가 어떤 기능을 하는지, 사기업이나 정부의 잘못된 관행으로 경제가 침체되었을 때 경제를 다시 자극하기 위해 정부가 어떤 역할을 해야 하는지 이해하게 되었다.

최근 집필을 마무리한 『자본주의를 재점검하라: 성과와 결점,

해법Reexamining Capitalism: Successes, Shortcomings and Solutions』에서 설명했듯이, 자본주의의 형태는 다양하지만, 전 세계 많은 나라가 자본주의 경제 시스템 아래서 경제생활을 영위하고 있다. 이 책의 14장에서는 자본주의의 주요한 결점 열네 가지를 들여다보고, 각각의 결점에 대한 해법을 제시하고 설명했다. 갈수록 커지는 빈부격차, 환경보호에 대한 무관심, 탐욕, 부채부담, 상품의 신뢰성 부족, 자동화로 인한 일자리 감소, 경제의 지나친 금융화, GDP와 인간행복의 미비한 상관관계 등 자본주의는 수많은 문제에 직면했다. 2050년 지구의 인구가 90억을 넘어서는 순간, 지구 인구의 생활수준을 맞추기 위해 자원과 일자리를 공급해야 하는 문제가 생긴다.

특히 우려되는 부분은 세 가지다. 첫째, 자본주의 시스템은 다른 경제 시스템에 비해 더 많은 부를 창출할 수 있다. 하지만 소수가 부를 독점하기에 다수 대중은 별다른 부를 누리지 못한다. 또한 빈부격차가 갈수록 심해지고 있기에 소수 계층에게만 자본주의의 혜택이 돌아가고 있다. 그러나 특히 소비자들 상당수가 자신들의 니즈를 충족시킬 만큼의 구매력을 가지고 있고 앞으로의 경제성장에 기여할 수 있다면 부는 더욱 광범위하게 분산되어야 한다.

둘째, 경제 이론에서는 지속가능성 또는 깨끗한 공기와 물을 보존해야 하는 문제를 다루지 않는다. 기업들은 외부의 나쁜 영향으로 손실이 발생하든 말든 이윤을 극대화해나간다. 그러다 보니 천연자원이 고갈될 일도 없고 기후변화와 대기오염이 발생할 일도 없다는 듯이 무한정 수요를 창출하고 상품과 서비스를 생산하려 든다. 알다시피 전 세계 사람들이 미국 수준의 생활수준을 유지하려면 지구가 몇 개는 필요하다.

셋째, 전통적인 경제 이론은 시장행동과 시장조직에 영향을 미치는 여러 힘과 분위기를 고려하기에는 지나치게 추상적이다. 전통적 경제 이론에서는 여러 유형의 마케팅 채널이 어떤 기능을 하는지, 광고, 판매인력, 판촉활동 등 수요와 공급에 영향을 미치는 요인에는 무엇이 있는지 세세히 다루지 않는다. 인간은 합리적이며 이윤을 극대화한다는 명제가 계속 의심을 받는 상황에서도 여전히 소비자와 중간상인, 생산자 측의 행동이 합리적일 것이라고 가정한다.

이와 같은 주류 경제학에 맞서 오늘날 '행동경제학behavioral economics'이라는 신경제new economics이론이 탄생했다. 이미 카네만Kahneman과 트버스키Tversky, 두 심리학자가 경제적 비합리성에 대한 연구로 노벨 경제학상을 수상했다. 행동경제학은 사실 마케팅의 다른 이름이라고 할 수 있다. 지난 100년간 경제학 이론과 실무에 마케팅이 더해지면서 경제 시스템의 작동원리에 대한 이해의 폭이 확대되었다. 경제학자들이 마케팅 이론과 실무의 발전을 따라간다면, 경제학의 전 분야가 새로운 이론과 연구결과물로 가득 찰 것이다.

닫는 글

삶의 자극을
찾길 바라며

2013년, 일본 《니혼게이자이 신문日本経済新聞》(일명 니케이 신문)에서 내 이야기를 써달라는 요청을 받았다. 요청을 수락하면 하루에 한 편씩, 12월 한 달 동안 총 30편을 써서 연재해야 했다.

《니케이 신문》 쪽에서는 이 일을 진행하기 위해 오래전부터 각계각층의 인사들에게 글을 요청했다고 전했다. 이 시대의 위대한 경영자들, 즉 파나소닉Panasonic의 설립자 마쓰시타 고노스케, 소니Sony의 공동설립자 모리타 아키오 같은 분들, 또 현대 경영학의 아버지로 불리는, 내가 특히 존경하는 피터 드러커, 영국 전 총리 토니 블레어 등 우리 사회에 지대한 공헌을 한 인물들이 물망에 올랐다고 한다.

나는 내가 책과 논문을 쓰는 저자이지 칼럼니스트는 아니라고, 나와 전혀 어울리지 않는다고 생각했다. 《뉴욕 타임즈New York Times》에 기고하는 토머스 프리드먼Thomas Friedman이나 데이비드 브룩스David Brooks, 폴 크루그먼Paul Krugman처럼 신문에 기고를 한다고 치면 일주일에 두 편 이상을 써야 칼럼니스트 자격이 있다고 생각했다. 거의 한 주 내내 흥미로운 글을 기고하는 그들의 탁월한 능력에 나는 깊은 감명을 받았다.

물론 내가 《니케이 신문》의 제안에 흥미를 느꼈다는 것은 말할 필요도 없다. 나는 1초도 고민하지 않고 제안을 수락했다. 글을 쓰기 시작하면서 시간이 화살처럼 지나간다는 말을 실감했다. 하루하루가 얼마나 빨리 지나가는지 몰랐다. 그렇게 총 50편의 글을 써서 《니케이 신문》에 전달했다. 그중 30편이 연재될 터였다. 그러다가 《니케이 신문》과 나는 연재되지 않는 글까지 세상에 내놓아야 한다는 점에 뜻을 같이했다. 이에 2013년 12월에 연재한 글들을 모아 일본에서 책으로 출간하기로 했다. 또한 글에 대한 영문판 판권 및 일본 외 해외 번역판 판권을 내가 가지기로 《니케이 신문》과 합의했다.

내가 쓴 글들을 하나하나 뜯어보다 보니 이를 한 문장으로 정리할 수 있었다. "마케팅의 눈으로 세상과 삶을 바라보다Seeing the World and Life Through Marketing Eyes." 나는 이 책에서 내가 살아온 역사, 가족, 교우관계, 수상경험 등 내 인생사는 물론 내 세계관을 충실히 보여주려고 애썼다. 가난, 평화, 종교, 국가, 도시건설, 박물관 및 공연예술, 혁신, 부의 창출, 경쟁, 부패, 정부규제, 경제이론, 마케팅 과학, 기업의 사회적 책임, 사회 마케팅, 변혁, 붕괴, 비영리적 기업, 미술품 수집, 브랜딩, 사업의 목적, 행복 등 다양한 영역을 소재로 삼았다.

아이디어가 떠오를 때마다 실감했지만, 글을 2페이지 이내로 작성해야 한다는 점이 너무 부담스러웠다. 몇몇 글은 2페이지를 훨씬 넘어갔고 그때마다 글의 양을 줄여야 했다. 그래서인지 명망 있는 기고가들이 탁월한 필력으로 만족할 만한 결과물을 만들어내는 모습이 참으로 대단하게 보이기 시작했다. 살아온 이야기라든가 진취적인 아이디어를 매일 두서너 마디로 요약하고 전달하는 것은 아무나 할 수 없는 일이었다. 각자의 영역에서 수시로 글을 연재하는 유명 블로거들의 능력도 부러웠다.

아무쪼록 독자들이 내 인생 여정을 들여다보며 뜻밖의 흥미로운 발견을 하고 삶에 자극이 될 만한 것을 찾으면 좋겠다.

역자 후기

대가의 삶을
들여다보다

'필립 코틀러의 마케팅 모험'

　이 문구가 눈에 들어온 순간, 90세를 바라보는 노학자의 머리에서 꽤나 진취적이고 역동적인 분위기의 제목이 탄생했다고 생각했다. 인생 말년에 지나온 삶을 되돌아보자는 취지로 회고록을 쓴 게 아닐까 나름의 예상을 했지만, 제목만으로 내 예상이 빗나갔다는 것을 여실히 깨달았다. (번역을 진행하면서도 마찬가지였다.) 제목 하나 때문에 흔하디흔한 단어 하나 때문에 왠지 모를 오묘한 감정에 젖어들다니……. 코틀러 교수를 향한 막연한 존경심 때문일까? 왜일까? 잠시 고민에 빠져들었다.

코틀러 교수와의 인연은 6년 전쯤으로 거슬러 올라간다. 다양한 마케팅 지침서와 신문기사로만 접했던 세계적인 마케팅 교수의 책을 번역하게 되다니, 당시에만 해도 한동안 마음이 들뜨고 싱숭생숭했다. 그렇지만 국내 동시출간을 앞두었던 차라 빨리 흥분을 억눌러야 했다. 이내 빡빡한 일정 탓에 마음이 급해졌다. 곧장 번역에 들어갔고, 출간 일정을 맞추려고 밤낮 구분 없이 번역에 전념했다. 세계적인 학자의 책을 번역하자니 하루하루가 긴장의 연속이었다. 그럼에도 용케 탈고한 원고가 훌륭한 편집자의 손을 거쳐 또 한 권의 마케팅 역작으로 탄생했다. 그리고 내 인생에서도 번역가로서의 모험이 시작되었다.

기업에서 마케팅 실무를 담당했으니, 마케팅 경험을 번역문에 녹이면 어떨까? 저자의 메시지를 독자들에게 보다 명쾌하게 전달할 수 있지 않을까? 여러 생각이 스쳐 지나갔다. 나는 내 생각을 행동으로 실천해야겠다고 다짐했다. 이후 코틀러 교수의 『카오틱스』, 『퍼스널 마케팅』, 『전략 3.0』을 번역하면서 평소의 다짐을 실천으로 옮겼다. 그러면서 경영 마케팅 분야로 번역의 장르를 확대하게 되었다. 코틀러 교수가 '내 전공'을 찾아주었다고 할까? 아이러니하게도 번역과 전혀 무관한 마케팅 교수님이 내 나아갈 길을 제시해주신 셈이었다. 마케팅은 건조하고 딱딱한 분야라고 생각했건만, 그것이 삶의 지식이자 지혜가 될 수 있다니. 이런 '깨달음' 덕분일까. 다소 추상적이지만 내게도 나름의 번역 철학이 생겼다.

『필립 코틀러의 마케팅 모험』은 단순히 마케팅 대가의 삶을 들여다보는 그 이상의 의미가 있었다. 더욱이 저자의 메시지를 찾기 위해 사소한 단어 하나라도 놓치지 말아야 하는 번역자로서의 숙명 탓에 그의 머릿속으로 들어가 보려는 시도를 수없이 했다. 덕분에 그의 사상과 철학을 조금이나마 심도 깊게 들여다보는 호사를 누렸다. 다른 건 몰라도 그가 세상에 미친 영향이 대단하다는 사실만큼은 분명해 보였다.

어린 시절의 코틀러 교수는 여느 아이들과 다를 바가 없었다. 다방면의 독서에 심취하며 훌륭한 사람이 되겠다고 다짐한 코틀러는 대학생이 되어서 원대한 사명을 품는다. 그가 위대한 철학자들의 사상을 접하며 '더 나은 사회를 만드는 일'을 평생의 숙원으로 삼는 모습은 일반 대학생들과는 확연히 달랐다. 인류 사회에 탁월한 혁신을 가져오는 인물은 달라도 뭔가 다르단 말인가? 이런 물음이 생긴 찰나 평생 선불교를 수행하고 인문학에 심취했던 스티브 잡스의 얼굴이 머리를 스쳐 지나갔다. 스마트폰 혁명을 일으켜 세상을 변화시킨 스티브 잡스. 인간에게 가장 어울리는 기술을 개발하겠다는 꿈은 분명히 그가 평소 신봉했던 사상에서 비롯되었다. 코틀러 교수는 이 점을 꿰뚫고 있었다. 위대한 고전에서 수학이나 경제학 지식을 얻을 수는 없지 않은가. 게다가 요즘 같은 인터넷 시대에 사람들은 첨단 기술에 관심을 가질 뿐 혁신을 일으키는 원천에 대해 별로 관심을 가지지 않는다. 그럼에도 코틀러 교수의 믿음은 처음부터 확고했다. 과거의 위대한 사상과 철학이 더 나은 세상을 만들어가는 영감이 된다는 것. 코틀러 교수의 믿음은 반세기에 걸친 자신의 마케팅 인생에 기폭제로 작용했다.

그러하기에 코틀러 교수가 마케팅의 대상으로 삼은 상품은 단순한 물건의 범주를 벗어났다. 일반 상품을 비롯해 박물관, 장소, 도시, 사회, 정치, 문화, 공연예술, 종교, 심지어 평판까지 이 세상과 삶에 관련된 모든 것이 마케팅의 범주에 들어갔다. 각각의 분야와 관련된 최적의 마케팅 이론을 정립하면서 그는 반세기를 보냈다. 코틀러 교수는 여기서 멈추지 않았다. 현대 자본주의의 폐해를 지적하면서도 자본주의가 나아갈 방향을 제시하는가 하면, 마케팅과 경제학의 관계, 마케팅의 미래까지 예견한다. 이런 점에서 그는 마케팅 전문가의 영역을 넘어 경영 사상가로서의 통찰과 혜안을 전하고 있다. 한편으로는 세계 각지를 여행하며 현지 유명 인사들과 관계를 맺고 평생 친분을 유지하는 모습에서 순수한 인간미를 드러낸다. 손주들과 함께 여행을 떠나고 즐거워하는 모습은 가족을 챙기는 우리네 할아버지의 모습과 다를 바가 없다. 이름만으로도 경외심이 들건만 그런 노교수의 인간적인 모습이 신선하게 다가왔다.

한 챕터를 번역하고 나면 새로운 세상으로 향하는 문이 열린 기분이었다. 그간에 번역한 그의 역작들이 새로운 느낌으로 다가오는 순간이기도 했다. 그가 쓴 책들의 탄생 배경과 집필 취지가 드러나는 순간 오묘한 카타르시스가 느껴졌다. 이 또한 번역자

만이 누릴 수 있는 특권이라면 특권이 아닐까? 이런 특권을 누린 만큼 한 구절 한 구절, 단어 하나하나에 담긴 의도와 메시지를 캐내기 위해 열심히 원문을 파헤치고 분석했다.

  코틀러 교수에 대한 애착이 심해서일까, 기업에서 마케팅을 담당했던 시절 코틀러 교수의 책을 폭넓게 접했다면 어땠을까 하는 약간의 후회감이 들곤 한다. 그랬다면 회의 시간에 머리만 긁적이며 시간을 죽이는 일이 줄어들지 않았을까? 대형 유통 업체의 바이어와 MD에게 좀 더 소신 있게 상품을 어필하고 고객의 마음을 훔치는 프로모션을 마련하지 않았을까? 어리숙한 신입 사원 시절 코틀러 교수의 『마케팅 관리론』을 펼쳐 들고 암기과목 외우듯 4P와 STP 전략을 공부했던 기억이 주마등처럼 지나간다. 어찌 보면 코틀러 교수와의 인연은 거기서부터 시작되었을 것이다. 이런 생각을 하면 또 후회감이 밀려온다. 그의 책을 두루 섭렵했다면, 좀 더 수월하게 경쟁에서 앞서 나가지 않았을까? 그의 마케팅관을 좀 더 빨리 수용했다면, 내 삶이 좀 더 효율적으로 굴러가지 않았을까?

  아무튼 가장 늦었을 때가 가장 빠른 때라는 흔한 말로 스스로 위안을 삼아본다. 그의 마케팅 모험에 무임승차하여 마케팅과 인생에 대한 그의 철학을 엿보고 그것을 독자들에게 전달하는 것만으로도 큰 소득일 것이다. 개인적으로는 내 '번역 모험'에서 전환점을 맞이했으니 더 바랄 게 없다. 아무쪼록 마케팅 분야에 발상의 전환이 이루어지길 바라마지 않는다. 많은 사람들이 이 시대

최고의 마케팅 스승을 쫓아 흥미진진한 마케팅 모험에 동참하면 좋겠다.

　마지막으로, 코틀러 교수의 평생 동반자 낸시 여사처럼 내게 늘 영감을 불러일으켜주는 아내 연수정과 딸 다은이에게 감사의 마음을 전하고 싶다.

봄기운이 무르익는 4월
파주 출판단지 '번역인' 작업실에서
방영호

필립 코틀러의 저서 목록

1. 『마케팅 관리론: 분석, 계획, 통제Marketing Management: Analysis, Planning and Control』, 필립 코틀러, 프랜티스홀, 1967년(후판 출간 1971년, 1976년, 1980년, 1984년, 1988년, 1991, 1994, 1997년, 2000년, 2003년, 2006년, 2009년), 2006년 케빈 레인 켈러 공동 저자로 참여.

2. 『사회적 변화의 실현Creating Social Change(국내 미출간)』, 필립 코틀러, 제럴드 잘트먼, 아이라 카우프만Ira Kaufman, 홀트 라인하르트 윈스턴 holt rinehart Winston 출판사, 1972년

3. 『마케팅 의사결정: 모델 구축 기법Marketing Decision Making: A Model Building Approach(국내 미출간)』, 필립 코틀러, 프랜티스홀, 1972년

4. 『사회행정과학 시뮬레이션: 개관 및 사례Simulation in Social Administrative Science: Overviews and CaseExamples(국내 미출간)』, 필립 코틀러, 헤럴드 케츠코우Harold Guetzkow, 랜달 슐츠Randall L. Schultz, 프랜티스홀, 1972년

5. 『비영리 단체의 전략적 마케팅Strategic Marketing for Nonprofit Organizations(국내 미출간)』, 필립 코틀러, 프랜티스홀, 1975년, 1986년 앨런 안드레아슨Alan Andreasen 공동 저자로 참여.

6. 『Kotler의 마케팅 원리Principles of Marketing』, 필립 코틀러, 프랜티스홀, 1980년(후판 출간 1983년, 1986년, 1989년, 1991년, 1994년, 1996년, 1999년, 2001년, 2004년, 2006년, 2008년, 2010년), 1989년 게리 암스트롱 공동 저자로 참여.

7. 『마케팅 모델Marketing Models(국내 미출간)』, 필립 코틀러, 게리 릴리언 Gary Lilien, 하퍼앤로우Harper & Row, 1983년(1992년 원고 수정. K. 스리다 머티K. Sridhar Moorthy 세 번째 공동 저자로 참여, 프랜티스홀에서 출간).

8. 『마케팅의 필수요소Marketing Essentials(국내 미출간)』이후『마케팅 입문Marketing An Introduction』으로 제목 변경, 프랜티스홀, 1984년, 1987년, 1990년, 1993년, 1997년, 2000년, 2003년, 2005년, 2007년, 2009년. 1990년 게리 암스트롱 공동 저자로 참여.

9. 『전문 서비스 마케팅Marketing Professional Services(국내 미출간)』, 프랜티스홀, 1984년(폴 블룸Paul N. Bloom 초판 참여, 톰 헤이즈Tom Hayes 2002년 2판 참여.)

10. 『교육기관의 전략적 마케팅Strategic Marketing for Educational Institutions(국내 미출간)』, 필립 코틀러, 카렌 폭스Karen Fox, 프랜티스홀, 1985년, 1995년

11. 『새로운 경쟁: Z이론이 우리에게 말해주지 않은 것, 마케팅The New Competition: What Theory Z Didn't Tell You About-Marketing(국내 미출간)』, 필립 코틀러, 리암 파헤이Liam Fahey, 솜키드 자투스리피탁, 프랜티스홀, 1985년

12. 『의료기관의 마케팅Marketing for Health Care Organizations(국내 미출간)』, 필립 코틀러, 로버타 N. 클라크Roberta N. Clarke, 프랜티스홀, 1987년

13. 『퍼스널 마케팅: 탁월한 존재는 어떻게 만들어지는가?High Visibility: The Making and Marketing of Professionals into Celebrities』, 어빙 레인, 필립

코틀러, 마틴 스톨러Martin Stoller, 마이클 햄린Michael Hamlin, 도드 매드 앤 컴퍼니Dodd, Mead, & Co.,, 1987년(후판 1998년, 2006년)

14. 『사회 마케팅: 공공행태 개선 전략Social Marketing: Strategies for Changing Public Behavior(국내 미출간)』, 필립 코틀러, 에두아르도 로베르토Eduardo Roberto, 프리 프레스The Free Press, 1989년

15. 『집회 마케팅: 사람들을 더욱 효과적으로 섬기기Marketing for Congregations: Choosing to Serve People More Effectively(국내 미출간)』, 필립 코틀러, 노먼 샤우척, 브루스 렌, 구스타브 래스, 애빙던 출판사 Abingdon Press, 1992년(개정판 『영향력 있는 교회 만들기Building Strong Congregations』, 필립 코틀러, 브루스 렌, 노먼 샤우척)

16. 『장소 마케팅: 도시와 주, 국가에 투자, 산업, 관광을 끌어오는 법 Marketing Places: Attracting Investment, Industry, and Tourism to Cities, States, and Nations(국내 미출간)』, 필립 코틀러, 어빙 레인, 도널드 헤이더, 프리 프레스, 1993년

17. 『호텔 외식 관광 마케팅Marketing for Hospitality and Tourism』, 필립 코틀러, 존 보웬John Bowen, 제임스 마켄즈James Makens, 프랜티스홀, 1996년(후판 1999년, 2003년, 2006년)

18. 『Kotler의 마케팅 원리Principles of Marketing』(유럽판), 필립 코틀러, 게리 암스트롱, 베로니카 웡Veronica Wong, 프랜티스홀, 1996년(후판 1999년, 2001년, 2005년)

19. 『국가 마케팅The Marketing of Nations: A Strategic Approach to Building National Wealth』, 필립 코틀러, 솜키드 자투스리피탁, 수빗 메신세, 프리 프레스, 1997년

20. 『필립 코틀러의 공연예술 마케팅 전략Standing Room Only: Stragegies for Marketing the Performing Arts』, 필립 코틀러, 조안 쉐프 번스타인, 하버드 경영대학원 출판사, 1997년

21. 『뮤지엄 전략과 마케팅: 사명 설계, 관객 개발, 수입 및 자원 창출 Museum Strategy and Marketing: Designing Missions, Building Audiences, Generating Revenue and Resources(국내 미출간)』, 네일 코틀러, 필립 코틀러, 조시 바스Jossey Bass, 1998년, 2008년

22. 『어떻게 창조하고, 이기고, 지배할 것인가Kotler on Marketing: How to Create, Win, and Dominate Markets』, 필립 코틀러, 프리 프레스, 1999년

23. 『마케팅 관리론-아시아의 관점Marketing Management-An Asian Perspective(국내 미출간)』, 필립 코틀러, 앙 스위 훈Ang Swee Hoon, 레옹 슈 맹Leong Siew Meng, 친 치옹 탄Chin Tiong Tan, 프랜티스홀, 1999년, 2006년

24. 『장소 마케팅, 유럽Marketing Places Europe(국내 미출간)』, 필립 코틀러, 어빙 레인, 도널드 헤이더, 크리스터 애스플런드Christer Asplund, 《파이낸셜 타임즈》, 1999년

25. 『아시아 경제 보고서Repositioning Asia: From Bubble to Sustainable Economy』, 필립 코틀러, 허마완 카타자야, 윌리Wiley, 2000년

26. 『아시아 장소 마케팅: 도시와 주, 국가에 투자, 산업, 관광을 끌어오는 법Marketing Asian Places: Attracting Investment, Industry, and Tourism to Cities, States, and Nations(국내 미출간)』, 필립 코틀러, 마이클 햄린, 어빙 레인, 도널드 헤이더, 윌리, 2001년

27. 『Kotler 마케팅 관리A Framework for Marketing Management』, 프랜티스 홀, 2001년(후판 2003년, 2007년, 2009년)

28. 『필립 코틀러의 마케팅 리더십Marketing Moves: A New Approach to Profits, Growth, and Renewal』, 필립 코틀러, 디팍 제인, 수빗 메신세, 하버드 경영대학원 출판사, 2002년

29. 『삶의 질을 개선하는 사회 마케팅Social Marketing: Improving the Quality of Life(국내 미출간)』, 필립 코틀러, 낸시 리, 프리 프레스, 2002년(제목 변경 『선행을 유도하는 사회 마케팅Social Marketing: Influencing Behaviors for Good』, 필립 코틀러, 낸시 리, 세이지Sage, 2008년)

30. 『필립 코틀러의 마케팅A to Z Marketing Insights from A to Z: 80 Concepts Every Manager Needs to Know』, 필립 코틀러, 윌리, 2003

31. 『글로벌 바이오 브랜드: 바이오 기술의 시장 도입Global Biobrands: Taking Biotechnology to Market(국내 미출간)』, 프랑수아즈 시몽 Francoise Simon, 필립 코틀러

32. 『필립 코틀러의 리싱킹 마케팅Rethinking Marketing: Sustainable Marketing Enterprise in Asia』, 필립 코틀러, 허마완 카타자야, 후이 덴 후안Hooi Den Huan, 산드라 류Sandra Liu, 프랜티스홀, 2003년

33. 『수평형 마케팅Lateral Marketing: New Techniques for Finding Breakthrough Ideas』, 필립 코틀러, 페르난도 트리아스 데 베스Fernando Trias de Bes, 윌리, 2003년

34. 『필립 코틀러가 말하는 마케팅의 10가지 치명적 실수Ten Deadly Marketing Sins: Signs and Solutions』, 필립 코틀러, 윌리, 2004년

35. 『투자자 유치: 기업에 적합한 펀드를 찾기 위한 마케팅 접근법Attracting Investors: A Marketing Approach to Finding Funds for Your Business(국내 미출간)』, 필립 코틀러, 허마완 카타자야, 데이비드 영David Young, 윌리, 2004년

36. 『착한 기업이 성공한다Corporate Social Responsibility: Doing the Most Good for Your Company and Your Cause』, 필립 코틀러, 낸시 리, 윌리, 2005년

37. 『필립 코틀러, 마케팅의 최고 모범답안According to Kotler: The World's Foremost Authority on Marketing Answers All Your Questions(국내 미출간)』, 필립 코틀러, 아마콤AMACOM, 2005년

38. 『B2B 브랜드 마케팅B2B Brand Management』, 필립 코틀러, 발데마 푀르치Waldemar Pfoertsch, 스프린저Springer, 2006년

39. 『장소 마케팅, 남미Marketing Places, Latin America(국내 미출간)』, 필립 코틀러, 데이비드 거트너David Gertner, 어빙 레인, 도널드 헤이더, 마크론 앤 페이도스Makron and Paidos, 2006년

40. 『스포츠팬을 잡아라: 필립 코틀러의 스포츠 브랜드 마케팅The Elusive Fans: Reinventing Sports in a Crowded Marketplace』, 어빙 레인, 필립 코틀러, 벤 쉴즈, 맥그로-힐McGraw-Hill, 2006년

41. 『필립 코틀러의 퍼블릭 마케팅Marketing in the Public Sector: A Roadmap for Improved Performance』, 필립 코틀러, 낸시 리, 와튼스쿨 출판Wharton School Publishing, 2006년

42. 『2015 필립 코틀러의 싱크 아세안: 2015년 아세안 공동체를 위

한 리싱킹 마케팅Think ASEAN: Rethinking Marketing Toward ASEAN Community(국내 미출간)』, 필립 코틀러, 허마완 카타자야, 후이 덴 후안, 맥그로-힐, 2007년

43. 『의료기관의 전략적 마케팅: 고객 중심의 공중보건 시스템 구축Strategic Marketing for Health Care Organization: Building a Customer Driven Health Care System(국내 미출간)』, 필립 코틀러, 조엘 샬로위츠Joel Shalowitz, 로버트 스티븐스Robert Stevens, 조시바스, 2008년

44. 『필립 코틀러 카오틱스: 격동의 시대, 일등기업의 경영 마케팅 전략Chaotics: The Business of Managing and Marketing in the Age of Turbulence』, 필립 코틀러, 존 캐슬라이언John A. Caslione, 뉴욕 아마콤, 2009년 봄

45. 『필립 코틀러의 사회 마케팅Up and Out of Poverty: The Social Marketing Solution』, 필립 코틀러, 낸시 리, 필라델피아 와튼스쿨 출판, 2009년 봄 ('800-CEO-READ' 선정 2009년 경영서)

46. 『공중보건을 위한 사회 마케팅: 글로벌 트렌드 및 성공 사례Social Marketing for Public Health: Global Trends and Success Stories(국내 미출간)』, 홍쳉Hong Cheng, 필립 코틀러, 낸시 리, 매사추세츠 존스앤바렛 Ma., Jones and Bartlett, 2011년

47. 『마켓 3.0: 모든 것을 바꾸어놓을 새로운 시장의 도래Marketing 3.0: From Products to Customers to the Human Spirit』, 필립 코틀러, 허마완 카타자야, 이완 세티아완Iwan Setiawan, 윌리, 2010년

48. 『영향력 있는 교회 만들기Building Strong Congregations(국내 미출간)』, 브루스 렌Bruce Wrenn, 노먼 샤우척Norman Shawchuck, 어텀 하우스

Autumn House Publishing, 2010년

49. 『필립 코틀러 인브랜딩: 브랜드 속 브랜드로 승부하라Ingredient Branding: Making the Invisible Visible』, 필립 코틀러, 발데마 푀르치 Waldermar Pfoertsch, 스프린저, 2011년

50. 『필립 코틀러 전략3.0The Quintessence of Strategic Management』, 필립 코틀러, 롤란트 베르거Roland Berger, 닐스 비코프Nils Bickhoff, 스프린저, 2010년

51. 『환경보호를 위한 사회 마케팅: 무엇이 효과가 있는가Social Marketing to Protect the Environment: What Works(국내 미출간)』, 더글러스 맥캔지 모어Doug McKenzie-Mohr, 필립 코틀러, 낸시 리, 웨슬리 슐츠P. Wesley Schultz, 세이지, 2012년

52. 『혁신에서 승리하라: A-F 혁신 모델Winning at Innovation: The A to F Model(국내 미출간)』, 페르난도 트리아스 데 베스, 필립 코틀러, 팔그레이브Palgrave, 2012년

53. 『필립 코틀러의 굿워크 전략: 세상과 소비자의 마음을 움직이고, 함께 성장하라!Good Works! Marketing and Corporate Initiatives that Build a Better World...and the Bottom Line』, 필립 코틀러, 데이비드 헤스키엘 David Hessekiel, 낸시 리, 윌리, 2013년(마케팅 전문지 EMM 투표 선정 그해 최고의 마케팅 서적 4위)

54. 『CSR에 대한 이해관계자의 접근법: 압박, 갈등, 화해A Stakeholder Approach to Corporate Social Responsibility: Pressures, Conflicts and Reconciliation』, 애덤 린드그린Adam Lindgreen, 필립 코틀러, 조엘르 반 함므Joelle Vanhamme, 프랑수아즈 메옹Francoise Maon, 영국 런던 고우

어Gower, 2012년

55. 『필립 코틀러 어떻게 성장할 것인가: 2013-2023 저성장 경제의 시장 전략Market Your Way to Growth: Eight Ways to Win』, 필립 코틀러, 밀턴 코틀러, 윌리, 2013년

56. 『마케팅 관리론Marketing Management』(아랍판), 필립 코틀러, 케빈 켈러, 살라 하산Salah S. Hassan, 아이마드 발바키Imad B. Baalbaki, 하메드 샤마Hamed M. Shamma, 피어슨 하이어 에듀케이션Pearson Higher Education, 2012년

57. 『글로벌 시장 전략: 세계 최고의 도시에서 투자하고 성장하는 법Winning Global Markets: How Business Invest and Prosper in the World's Top Cities(국내 미출간)』, 필립 코틀러, 밀턴 코틀러, 윌리, 2015년

58. 『미래형 자본주의Kotler on Capitalism(국내 미출간)』, 필립 코틀러, 2015년

역자 방영호

경제경영 및 인문교양 분야 전문번역가. 아주대학교에서 영문학과 불문학을, 같은 대학 국제학부에서 유럽지역학을 전공했다. 학업을 마친 후 ㈜휴럼, 한미약품 한미FT, 벤트리 등 국내 여러 기업에서 마케팅 기획 및 상품개발 관련 업무를 했다. 독자들에게 세상을 보는 지혜를 전달하고자 지금 이 순간도 번역에 몰두하고 있다. 옮긴 책으로는 『똑똑한 사람이 왜 멍청한 짓을 할까』, 『한 줄의 힘』, 『필립 코틀러 카오틱스』, 『엔론 스캔들』, 『절망 너머 희망으로』, 『직관이 답이다』, 『필립 코틀러 퍼스널 마케팅』, 『행복은 호기심을 타고 온다』, 『오렌지 코드』, 『필립 코틀러 전략 3.0』, 『관계의 본심』, 『보스의 탄생』 등이 있다.

필립 코틀러의 마케팅 모험

초판 1쇄 발행 2015년 5월 13일
초판 2쇄 발행 2015년 6월 2일

지은이 필립 코틀러
옮긴이 방영호
펴낸이 김선식

경영총괄 김은영
마케팅총괄 최창규
기획·편집 박지아 **크로스교정** 봉선미 **책임마케터** 박현미
콘텐츠개발1팀장 류혜정 **콘텐츠개발1팀** 한보라, 박지아, 봉선미
마케팅본부 이주화, 이상혁, 최혜령, 박현미, 반여진, 이소연
경영관리팀 송현주, 권송이, 윤이경, 임해랑
외부스태프 표지·본문디자인 Design 1984

펴낸곳 다산북스 출판등록 2005년 12월 23일 제313-2005-00277호
주소 경기도 파주시 회동길 37-14 3, 4층
전화 02-702-1724(기획편집) 02-6217-1726(마케팅) 02-704-1724(경영관리)
팩스 02-703-2219 **이메일** dasanbooks@dasanbooks.com
홈페이지 www.dasanbooks.com **블로그** blog.naver.com/dasan_books
종이 월드페이퍼㈜ **출력·제본** 현문 **후가공** 이지앤비 특허 제10-1081185호

ISBN 979-11-306-0517-3 (13320)

- 책값은 뒤표지에 있습니다.
- 파본은 구입하신 서점에서 교환해드립니다.
- 이 책은 저작권법에 의하여 보호를 받는 저작물이므로 무단 전재와 복제를 금합니다.
- 이 도서의 국립중앙도서관 출판시도서목록(CIP)은 서지정보유통지원시스템 홈페이지(http://seoji.nl.go.kr)와 국가자료공동목록시스템(http://www.nl.go.kr/kolisnet)에서 이용하실 수 있습니다. (CIP제어번호 : CIP2015012431)